PUHUA BOOKS

我
们
一
起
解
决
问
题

服务行业工作全流程快速入门系列

二手房买卖全流程指南

14大环节、84个细节的应对与处理

刘建伟 ◎编著

人民邮电出版社

北　京

图书在版编目（CIP）数据

二手房买卖全流程指南：14大环节、84个细节的应对与处理 / 刘建伟编著. -- 北京：人民邮电出版社，2024.5
（服务行业工作全流程快速入门系列）
ISBN 978-7-115-64124-3

Ⅰ. ①二… Ⅱ. ①刘… Ⅲ. ①房地产－交易－中国－指南 Ⅳ. ①F299.233.5-62

中国国家版本馆CIP数据核字(2024)第067132号

内 容 提 要

本书详细描述了房源开发、实地看房、获取委托、房源发布、房源推广、客户开发、客户分析、客户接待、交易配对、带客看房、促成交易、议价定价、签订合同、客户服务共14个环节的84个细节，并以附录的形式介绍了与房地产相关的术语、二手房交易流程和二手房交易税费。

本书适合房地产经纪人员、房地产经纪公司管理人员阅读，也可以作为相关培训机构的培训用书。

◆ 编　著　刘建伟
　责任编辑　陈　宏
　责任印制　彭志环
◆ 人民邮电出版社出版发行　　北京市丰台区成寿寺路 11 号
　邮编　100164　电子邮件　315@ptpress.com.cn
　网址　https://www.ptpress.com.cn
　固安县铭成印刷有限公司印刷
◆ 开本：787×1092　1/16
　印张：12.5　　　　　　　　　2024 年 5 月第 1 版
　字数：230 千字　　　　　　　2024 年 5 月河北第 1 次印刷

定　价：65.00 元

读者服务热线：(010) 81055656　印装质量热线：(010) 81055316
反盗版热线：(010) 81055315
广告经营许可证：京东市监广登字 20170147 号

前　言 |preface

　　二手房买卖又称存量房买卖，是指房屋所有权人通过买卖、交换或其他合法方式将房屋的所有权转移给他人的过程。

　　一般在买卖二手房的时候，很多人都会通过房地产中介公司达成交易，这样能省下不少时间或精力。二手房经纪服务是房地产中介公司的一项重要业务，是指在房地产市场中，以提供房地产供需咨询、协助供需双方公平交易、促进房地产交易为目的而进行的房地产租售经纪、委托代理或价格评估等活动。

　　房地产中介公司是靠为买卖双方提供信息、进行信息匹配、促成买卖双方的交易，从而获取佣金的机构。可见，房地产中介公司的产品是无形的，并且产品的生产与消费同时发生。作为提供信息、协助谈判、促进成交、展示品牌的经营主体，房地产中介公司在房地产市场中发挥着重要作用。

　　对房地产经纪人（以下简称"经纪人"）来说，为房子找到好客户，为客户找到好房子，并不是容易的事情。经纪人在与客户交往的过程中会遇到很多突发状况，有些问题并不是简单地靠观念、思路、态度、信念的转变就能解决的，还要靠经纪人专业技能的提升。因此，经纪人只有掌握和精通二手房买卖的全流程，才能从容地应对各种难题，让二手房买卖过程更加顺利。

　　二手房买卖全流程管理的重要性和意义不言而喻。环节清楚，流程清晰，从宏观到微观、从业主到客户的细节规划和安排，可以有效地帮助经纪人系统性地梳理、分析和优化工作，有效提高工作效率，提升成交率。

　　基于此，作者编写了本书。本书主要对房源开发、实地看房、获取委托、房源发布、房源推广、客户开发、客户分析、客户接待、交易配对、带客看房、促成交易、议价定价、签订合同、客户服务共14个环节的84个细节进行了详细的描述与讲解，并且在附录中介绍了与房地产相关的术语、二手房交易流程和二手房交易税费。

　　本书图文并茂，用浅显的语言和生动的图片，系统梳理并详细介绍了二手房买卖全流程，使读者不仅读起来轻松，还可以快速掌握各个环节和细节的应对与处理办法。

　　由于作者水平有限，书中难免存在疏漏与不妥之处，敬请广大读者批评指正。

目 录 | contents

环节 3　获取委托

环节 4　房源发布

环节 5　房源推广

环节 6　客户开发

环节 7　客户分析

环节 8　客户接待

环节 9　交易配对

环节 10　带客看房

环节 11　促成交易

环节 12　议价定价

环节 13　签订合同

环节 1　房源开发

房源是指业主（委托人）委托房地产中介公司出售或出租的房屋。房源和客户是成交的基础，房源能吸引客户，有了优质的房源才有成交的可能。

开发房源的要点如图1-1所示。

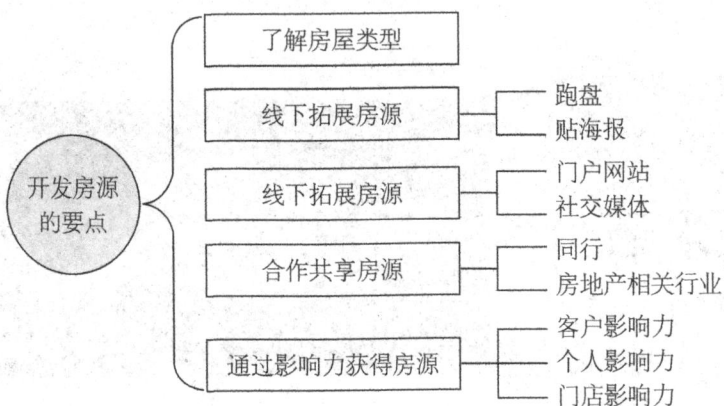

图1-1 开发房源的要点

细节01：了解房屋类型

房屋类型多种多样，不同类型房屋的特点不同，具体如表1-1所示。

表1-1 不同类型房屋的特点

房屋类型	特点
商品房	经政府有关部门批准，由房地产开发经营公司开发的，建成后用于在市场中出售、出租的房屋，包括住宅、商业用房及其他建筑物。自建、参建、委托建造，又是自用的住宅或其他建筑物不属于商品房
经济适用房	根据经济适用住房建设计划安排建设的住宅，用地一般采用行政划拨的方式，免收土地出让金，对各种经批准的收费实行减半征收，出售价格实行政府指导价，按保本微利的原则确定。经济适用房是具有社会保障性质的商品住宅，具有经济性、保障性、实用性的特点
安居房	实施国家"安居（或康居）工程"而建设的住房，是由国家安排的专项贷款和地方自筹资金共建的面向广大中低收家庭，特别是对人均居住面积在4平方米以下特困户提供的销售价格低于成本、由政府补贴的非营利性住房

（续表）

房屋类型	特点
房改房	城镇职工根据国家和县级以上地方政府有关城镇住房制度改革政策规定，按照成本价或标准价购买的已建公有住房。按照成本价购买的，房屋所有权归职工个人所有；按照标准价购买的，房屋所有权部分归职工个人所有，一般在5年后全部归职工个人所有
集资房	属于经济适用住房的范围，为政策性住房，是企事业单位为了解决内部职工的住房问题，以拥有的划拨土地建设、按成本价出售给内部职工的房屋。此类房屋不能在市场上自由流通
福利房	政府按住房制度改革方案免除房地产的地价，按成本造价出售给企业或符合条件的职工，带有福利性质的房屋
微利房	又称微利商品房，是指由各级房产管理部门组织建设和管理，以低于市场价格和租金、高于福利房价格和租金，用于解决部分企业职工住房困难和社会住房特困户住房问题的房屋

相关链接

住宅的分类

　　住宅是最常见的一类房地产，既有大量的买卖活动，又有大量的租赁活动，是经纪人开展工作最主要的对象。一般情况下，住宅和住房不用刻意区分，可交换使用。但是科学、严谨地说，住宅和住房的范围有所不同。住宅的范围相对较小，是指供家庭居住使用的房屋。住房的范围较大，除了住宅，还包括酒店式公寓、老年公寓、集体宿舍、商住房，以及由闲置的商业、办公、工业用房等非住宅改建的租赁住房等。

　　目前，我国住宅类型多样复杂，甚至可以说是五花八门。为了更好地认识住宅，可以根据不同的需要、从不同的角度对住宅进行分类。

1. 存量住宅和增量住宅

　　存量住宅又称既有住宅、二手住宅，俗称二手房，是指居住使用过的住宅。从房地产开发企业购买的新建商品住宅，即使购买后没有居住使用，再转售时通常也称二手房。在存量住宅中，通常把房龄较短（一般在 5 年以内）的称为次新房；把房龄较长（一般超过 10 年）的称为旧房；把房龄很长（一般超过 30 年）的称为老旧住宅。房龄又称楼龄，即房屋的年龄或已使用年限，一般从自房屋竣工之日起计算，不论房屋一直在使用还是空置。

增量住宅又称新住宅，简称新房，俗称一手房，是指新建成的住宅，包括房地产开发公司开发的新建商品住宅。

2. 现房和期房

现房是指目前已竣工的住宅。期房是指目前尚未竣工而在将来竣工的住宅。存量住宅都是现房。新建商品住宅既有现房又有期房。在新建商品住宅中，经过一段时间的销售后余下的现房，通常称为尾房。

3. 毛坯房、简装房和精装房

毛坯房是指室内没有进行过装饰装修的住宅。简装房是指室内装饰装修简单或很普通的住宅。精装房是指室内装饰装修精致或精美的住宅。

4. 平房和楼房

平房是指只有一层的房屋。楼房是指有两层或两层以上的房屋。

5. 低层住宅、多层住宅和高层住宅

通常来说，1～3 层的为低层住宅，4～9 层的为多层住宅，10 层及以上的为高层住宅。这里所说的层数是指自然层数。在现实中，层数可分为自然层数和标示层数两种，两者不能混淆。自然层数即实际层数，是按楼板、地板分层的楼层数。标示层数即名义层数，是为了回避某些数字，人为标示的楼层数。

6. 独立式住宅、双拼式住宅、联排式住宅、叠拼式住宅和公寓式住宅

这是按照一幢住宅楼供居住户数进行的分类。

独立式住宅又称独户住宅、独栋住宅，是供一户居住使用的住宅。其中，带有私家花园的低层独立式住宅通常称为别墅。

双拼式住宅是供两户左右居住使用的住宅，相当于将两幢独立式住宅拼接在一起，介于独立式住宅与联排式住宅之间。

联排式住宅是供三户或三户以上并排居住使用的住宅，相当于将三幢或三幢以上独立式住宅拼接在一起。

叠拼式住宅相当于将联排式住宅上下叠加在一起的住宅，一般为两户叠拼，也有三户叠拼的。

公寓式住宅是供多户上下左右居住使用的住宅，即通常所说的多层或高层住宅。

7. 低密度住宅和高密度住宅

低密度住宅又分为低层低密度住宅、多层低密度住宅和高层低密度住宅。高密度住宅又分为低层高密度住宅、多层高密度住宅和高层高密度住宅。在其他状况相同的情况下，它们的优劣顺序一般是：低层低密度住宅、多层低密度住宅、高层低密度住宅、低层高密度住宅、多层高密度住宅、高层高密度住宅。

建筑容积率是反映密度的指标，简称容积率，是一定用地范围内总建筑面积与该用地面积的比值。容积率越大，密度越高。住宅的容积率通常为 2.0～2.5。容积率在 1.5 以下，特别是在 1.0 以下的住宅，可视为低密度住宅。

反映密度的指标还有建筑间距，是指两幢建筑物（如两幢住宅楼）外墙面之间的水平距离。建筑间距越小，密度越高。

反映密度的指标还有建筑密度。对住宅使用人来说，容积率越小、建筑间距越大，即建筑密度越低越好。

8. 板式住宅、塔式住宅和板塔结合住宅

板式住宅简称板楼，是由多个住宅单元拼接而成，每个单元一梯二至三户，或采用长廊式，各住户靠长廊连在一起，且其主要朝向建筑长度与次要朝向建筑长度之比大于 2 的住宅。

塔式住宅又称点式住宅，简称塔楼，是以共用楼梯或电梯为核心布置多套住房，且其主要朝向建筑长度与次要朝向建筑长度之比小于 2 的住宅。

板塔结合住宅是一幢住宅楼中既有板楼户型又有塔楼户型的住宅。

9. 单元式住宅、通廊式住宅和内天井式住宅

单元式住宅是由若干个住宅单元组合而成，每个单元均设有楼梯或电梯的住宅。住宅单元是由多套住宅组成的建筑部分，该部分内的住户可通过共用楼梯和安全出口进行疏散。

通廊式住宅是由共用楼梯或电梯通过内廊或外廊进入各套住房的住宅，可分为内廊式住宅和外廊式住宅两类。

内天井式住宅是在住宅楼内部设置天井的住宅。

10. 平层住宅、错层住宅、复式住宅和跃层住宅

平层住宅是一套住宅内的各个功能空间均在同一平面上的住宅。错层住宅是一套住宅内的各个功能空间不在同一平面上，但未分成上下两层，仅用一定的高度差进行空间隔断的住宅。复式住宅是在层高较高的一层楼中局部增建一个夹层，从而形成上下两层的住宅。跃层住宅是套内空间跨越上下两个楼层且设有套内楼梯的住宅。因为复式住宅的上层是夹层，而跃层住宅是完整的两层，所以复式住宅上下两层的合计层高要远远低于跃层住宅上下两层的总层高。

层高是指上下相邻两层楼面或楼面与地面之间的垂直距离，大于室内净高。室内净高是指楼面或地面至上部楼板底面或吊顶底面之间的垂直距离，比层高更能反映空间高度。室内净高较大的住宅不会让人感觉压抑，因此对住宅使用人来说，层高和室内净高越大越好。

11. 成套住宅和非成套住宅

成套住宅又称单元房，是指卧室、起居室、厨房、卫生间等自成一套的住宅，通俗地说，该套住宅内有独立的厨房和卫生间；反之则为非成套住宅，如老式筒子楼（中间是长长的过道，配有公共卫生间）。

12. 纯住宅、酒店式公寓、商住房和类住宅

通俗地说，纯住宅就是整幢楼的所有单元都是住宅。

酒店式公寓又称服务式公寓，是指提供酒店式服务的住房。

商住房即商住两用房，是指既可用作商业、办公，又可用作居住的房屋。

类住宅是指房地产开发商为了规避风险，将依法许可的商业建设用地通过住宅化的设计与营销推广对外出售的产品，业内通常将其称为"商改住"，也就是除了住宅、办公楼之外具备居住功能的边缘类产品，包括酒店式公寓、服务式公寓、公寓式办公楼等。

13. 完全产权住房和非完全产权住房

完全产权住房是指房屋所有权和土地使用权不受其他房地产权利等限制的住房；反之则为非完全产权住房，如共有的住房、有抵押的住房、被查封的住房、依法不得转让或出租的住房、已依法定公告列入征收范围的住房、权属有争议的住房、权属不明确的住房、无权属证书（如无不动产权证书或无房屋权属证书）的住房、属临时建筑的住房、小产权房等。其中，小产权房是指占用农村集体土地建设并向农村集体经济组织以外的成员销售的住房。

在房地产经纪活动中，如果遇到上述住房，应特别注意。例如，出售共有的住房，必须经共有人书面同意；买卖已出租的住房，承租人有优先购买权或需要书面明确表示放弃优先购买权；小产权房不受法律保护，根据现行规定，城镇居民不得购买农村宅基地建房，不可以购买小产权房。

14. 完好房、基本完好房、一般损坏房、严重损坏房和危险房

这是根据房屋的结构、装修、设备等组成部分的完好或损坏程度，由专业的房屋鉴定机构鉴定得出的结果。其中，严重损坏房和危险房往往存在安全隐患。

细节02：线下拓展房源

线下拓展是经纪人最常用的一种房源开发技巧，包括跑盘、贴海报等。

（一）跑盘

跑盘就是经纪人通过线下探访的方式对附近楼盘进行摸底、寻访，与小区居民或相关工作人员沟通，或者参加小区内部的各种活动，了解附近待售的二手房源，结识有相关需求的业主，并及时跟进。

1. 跑盘的目的

跑盘的目的如图 1-2 所示。

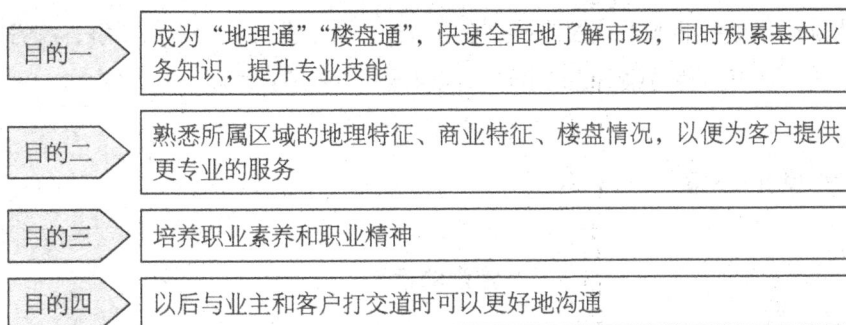

目的一	成为"地理通""楼盘通"，快速全面地了解市场，同时积累基本业务知识，提升专业技能
目的二	熟悉所属区域的地理特征、商业特征、楼盘情况，以便为客户提供更专业的服务
目的三	培养职业素养和职业精神
目的四	以后与业主和客户打交道时可以更好地沟通

图 1-2　跑盘的目的

2. 跑盘的内容

经纪人在跑盘时应关注图 1-3 所示的内容。

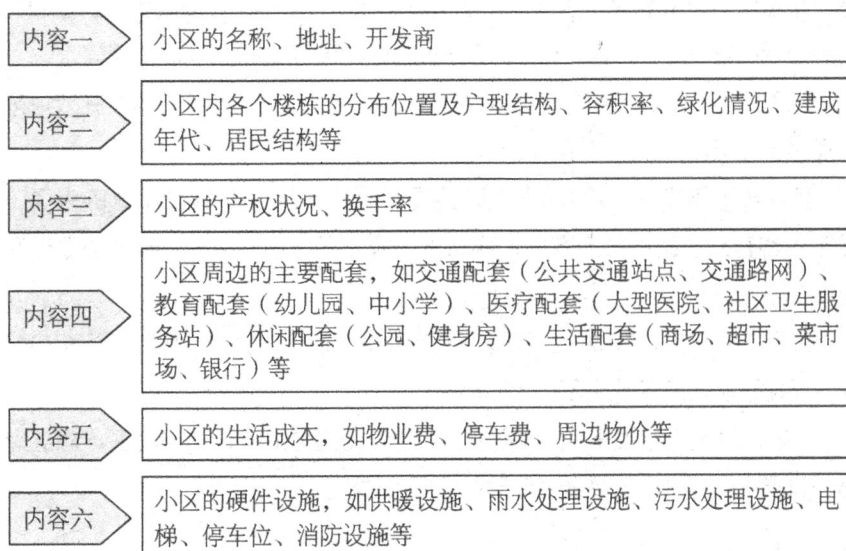

内容一	小区的名称、地址、开发商
内容二	小区内各个楼栋的分布位置及户型结构、容积率、绿化情况、建成年代、居民结构等
内容三	小区的产权状况、换手率
内容四	小区周边的主要配套，如交通配套（公共交通站点、交通路网）、教育配套（幼儿园、中小学）、医疗配套（大型医院、社区卫生服务站）、休闲配套（公园、健身房）、生活配套（商场、超市、菜市场、银行）等
内容五	小区的生活成本，如物业费、停车费、周边物价等
内容六	小区的硬件设施，如供暖设施、雨水处理设施、污水处理设施、电梯、停车位、消防设施等

图 1-3　跑盘的内容

> **小提示**
>
> 跑盘的核心在于提炼小区卖点，让那些不了解本商圈的客户通过经纪人的介绍及带看对本商圈有一个初步认识。

（二）贴海报

相比于跑盘，贴海报是一种更强调覆盖量的房源开发技巧，是指经纪人通过在小区人流聚集处张贴海报、摆放易拉宝等方式，吸引业主主动上前了解；或者大量分发单页，让有需要的业主通过电话、微信等方式联系自己。

话术参考

跑盘的话术

"您好！不好意思，打扰您了，我是××房地产中介公司的经纪人，这是我的名片，听说您的房子考虑出售？我手上正好有一位客户想要买这样的房子，您打算卖多少钱呢？"

"您好！不好意思，打扰您了，我是楼下××房地产中介公司的经纪人，我带客户来看您家楼下的房子，但是业主有事耽搁了，客户马上就要到了，您家的房子方便让我们看一下吗？客户想买的就是您家这种户型，价格可以商量。"

"您好，我手上有一位客户说看过您家的房子，比较满意，特意委托我过来跟您沟通一下细节。"

"我在楼下看到××房地产中介公司的经纪人带客户看过您家的房子，正好我手上也有需求差不多的客户，我想先了解一下您家的房子，不知道您现在方便吗？"

"您好，×先生，打扰了，我有一位客户找了很久，就想要买咱们这个小区的房子，不知道您家的房子现在是什么情况？"

"您好，我是您家楼下××房地产中介公司的经纪人，现在有客户想买您家的房子，能接受您开出的价格，您是否考虑出售？"

细节03：线上搜索房源

大部分业主都会在网上展示自己的房子，所以经纪人可以通过线上搜索的方式开发房源。

（一）网站

很多同城交易信息网、同城论坛及房产交易网站都支持业主自主上传房源信息。经纪人可以通过搜索楼盘关键词查找合适的房源，并通过业主留下的联系方式第一时间联系业主，争取将相关房源签为独家房源。

（二）社交媒体

除了门户网站，经纪人还可以通过社交媒体开发房源，如加入附近楼盘的业主群、物业报修群、二手商品交易群，通过社交媒体直接接触业主，并通过消息推送、朋友圈动态等收集、开发房源。

细节04：合作共享房源

经纪人可以与不同的对象合作开发房源。

（一）与同行合作

处于同一区域内的房地产中介公司之间往往不一定只有竞争关系，不同公司之间也可以通过合作的方式匹配房源和客源。

比如，假设 A 公司有房源但是没有合适的客户，B 公司有合适的客户但是没有房源，那么双方就可以合作促成交易，从而使双方都受益。

（二）与房地产相关行业合作

房地产中介公司也可以选择与房地产相关行业合作，如家装、家具、保洁、家政等都是与房地产息息相关的行业，而经纪人在日常跑盘、贴海报时也会遇到这些行业的人员。与相关行业进行业务联动同样不失为一种高效的房源开发方法。

细节05：通过影响力获得房源

（一）客户影响力

对于已经成交的客户，经纪人要做好售后服务，逢年过节要问候一下老客户。每位客户都有人际关系网络，经纪人可以适当地加以整合利用。

（二）个人影响力

一些人在成为经纪人之前在某些社区具有一定的知名度，他们通过熟人、朋友转介绍可以获得很多房源。

比如，一位在菜市场做面食的店主同时兼任经纪人，他凭借热情的服务态度与良好的个人口碑，经常收到附近小区业主的委托。

（三）门店影响力

当然，大部分经纪人更依赖于房地产中介公司本身的影响力。一家口碑较好的房地产中介公司往往可以给经纪人带来可观的房源。在这种情况下，经纪人只需认真做好服务工作，与业主建立良好关系，即可顺利完成房源开发工作。

环节 2　**实地看房**

只有进行实地查看，经纪人才能全面掌握房子的真实状况，全面了解房子的优缺点，从而掌握文字、图纸、照片等资料无法或难以反映的细节，为后面的精准销售做好准备。

实地看房的流程如图 2-1 所示。

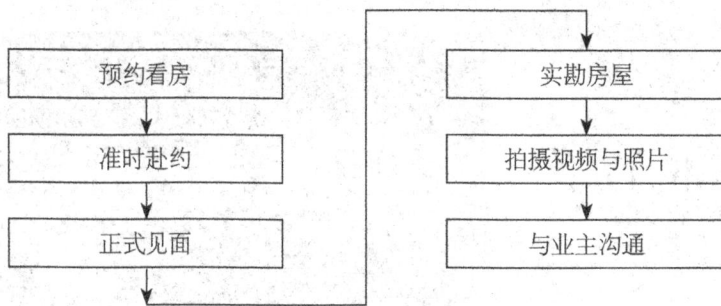

```
┌──────────┐              ┌──────────┐
│  预约看房  │              │  实勘房屋  │
└────┬─────┘              └────┬─────┘
     ↓                         ↓
┌──────────┐              ┌──────────┐
│  准时赴约  │              │拍摄视频与照片│
└────┬─────┘              └────┬─────┘
     ↓                         ↓
┌──────────┐              ┌──────────┐
│  正式见面  │              │  与业主沟通  │
└──────────┘              └──────────┘
```

图 2-1　实地看房的流程

细节06：预约看房

经纪人在与业主预约实地看房前应做好以下准备工作。

（1）通过网络等途径，对房子的地理位置、交通情况、周边环境、商业配套、教育配套、医疗配套等进行初步了解，并做好记录。

（2）提前与业主约定实地看房的时间。最好分为两个阶段，至少提前 3 天预约看房时间，然后在看房的前一天再次与业主确认时间。

（3）询问业主房子的详细位置。在与业主约定看房时间的同时还应询问业主房子的详细位置，即房子所在的区、路、号、小区、栋、单元门牌号。

（4）准备好实地看房的工具。用于实地看房的工具包括：测量距离的工具，如激光测距仪、卷尺等；拍照的工具，如照相机、智能手机等；测量方位的工具，如指南针、手机等；计算面积的工具，如计算器等。

（5）准备好《房屋状况说明书》。《房屋状况说明书》是由房地产经纪机构编制的，用于说明房屋基本状况及房屋交易条件的文书。

（6）备好鞋套，以便进入业主家中。

情景模拟

经纪人说服业主同意实勘

经纪人：刘姐，您好！我们能不能约个时间来看看您家的房子啊？

业主：我最近都没空，以后再说吧。

经纪人：是这样的，刘姐，如果您诚心卖房，我们需要给您的房子拍照，然后我们会将这些照片上传到我们公司的网站和58同城等网站。同时，我们公司的所有经纪人还会通过贴海报、设点等方式推销这套房子。但是，如果您的房子我们都没有看过，不是很了解情况，该怎么把它推荐给客户呢？您说是不是？有了照片，我们就可以给客户看照片，有意向的客户我们才会带过来，这样也不耽误您的时间。所以，刘姐，如果您诚心卖房，那么我们就先过来看一下房；如果您不着急卖，那么我们就不打扰您了。谢谢您！（一定要礼貌地结束对话）

细节07：准时赴约

与业主约好看房时间以后，经纪人应准时赴约，最好提前10分钟左右到达，不要让业主等候。赴约时，经纪人应注意自己的仪表，并准备好名片。

（一）男士仪表要求

（1）着装。应穿着标准工服，如衬衫、西裤等。衬衫应每日换洗，注意佩戴好工牌。标准的西裤长度以裤管盖住皮鞋为宜；衬衫袖口不宜过肥，一般袖口最多超出手腕2厘米；衬衫袖口要超出西服袖口2厘米，须扣上袖扣；衬衫应扎入西裤；西服扣子一般是2颗，但只需要扣上面1颗（如果是3颗，则要扣中间那颗）；穿西服时应穿皮鞋；西装上衣的口袋只装名片即可，装饰以少为宜。

（2）头发。两鬓头发长度不超过1厘米。每日洗头，可用定型喷雾，使头发保持干净整洁。

（3）面部清洁。每日修面，确保面部整洁；确保鼻孔干净，鼻毛不外露。

（4）口腔卫生。上班期间，早午饭都不宜吃带刺激气味的食物。

（5）体味。可喷淡香水。

（6）皮鞋。皮鞋为黑色，不得沾染灰尘，保持干净光亮，袜子须为黑色，袜口不得低于脚踝。

（7）其他。不得留胡须。

（二）女士仪表要求

（1）着装：应穿着工服（不得春、夏装混穿），佩戴好工牌。

（2）头发。若为短发，不得垂肩；若为长发，须扎头或盘头。

（3）妆容。粉底不可打得太厚，要保持均匀，与皮肤底色相协调。

（4）鞋子。可穿黑色高跟鞋，须保持干净整洁。

（5）指甲。指甲干净，不可过长，不得涂颜色鲜艳的指甲油。

（6）体味。可喷淡香水，要求无刺激性气味。

（7）口腔卫生：保持口腔无异味。

（8）首饰。可佩戴耳钉，禁止戴造型夸张的耳环；项链要细且不得佩戴在工装外侧；禁止佩戴卡通戒指、玩具戒指。

细节08：正式见面

经纪人进入业主家中时应穿好鞋套，主动问候业主，做自我介绍，同时向业主递名片。

（一）介绍礼仪

经纪人在做自我介绍时，一定要亲切、自然、友好、自信。

（1）经纪人应表情自然，眼睛看着业主，要善于用眼神、微笑及亲切、自然的面部表情来表达友好。

（2）不可知所措、面红耳赤，也不能做出随随便便、满不在乎的样子。

（3）做自我介绍时，可将右手放在自己的左胸前，不要慌张，更不要用手指指着自己。

话术参考

自我介绍的话术

"×姐，您好！我叫×××，是××房地产中介公司的置业顾问，跟您预约过来看房的，现在可以进来吗？"

"×姐，您好！很高兴认识您！我叫×××，是××房地产中介公司的业务经理，专门负责这个片区的业务，有可能的话，我愿意随时为您效劳。"

"×姐，您好！我是××房地产中介公司的×××，之前给您打过电话预约来看房，现在方便进来看一下吗？"

（二）名片礼仪

现在经纪人已经较少使用名片，但在某些场合仍免不了递名片这个环节。递名片时，经纪人应站立，走上前去，双手将名片的正面对着业主并递给业主。

注意，不要用单手递名片，不要将名片背面对着业主或是颠倒着递给业主，不要将名片举得高于胸部，不要用手指夹着名片递给业主。

小提示　　递给业主的名片应干净整洁，不可有折皱、污损、涂改痕迹。名片应统一置于名片夹、公文包或上衣口袋内，不可随便放在钱包、裤袋内。

细节09：实勘房屋

经纪人实勘房屋时要重点关注以下几个方面。

（一）房屋区位状况

1. 需要查看的内容

对房屋区位状况进行实地查看，应查看表2-1所示的内容。

表 2-1　房屋区位状况实地查看内容

查看内容	说明
位置	查看房屋的具体地点（如房屋位于××市××区××路××号）并附位置示意图。位置示意图应准确、清楚、比例恰当
楼层	查看房屋所在的楼层和总层数（包括地上层数和地下层数）。要注意区分自然层数和标示层数
朝向	查看房屋的正门或房间的窗户正对的方向。比如，房屋是南北朝向的，其中客厅和主卧朝南，厨房和卫生间朝北
交通设施	详细记录附近的公交车、地铁等站点，以及从小区到站点的距离
环境状况	查看环境是否优美、整洁，有无废气、噪声、废水、辐射物、固体废物等污染及污染程度
嫌恶设施	查看房屋周边是否存在对居住者身体健康造成不良影响的建筑或设备。对于住宅，特别需要查看周边有无大型垃圾场站、公共厕所、高压输电线路、丧葬设施等嫌恶设施
景观状况	查看有无水景（如海景、江景、河景、湖景）、山景等
配套设施	查看一定距离内教育（如幼儿园、中小学）、医疗卫生（如医院）、商业服务等配套设施的完备程度

2. 注意事项

（1）分析房屋附加价值。区位状况优越的房屋，若有良好的配套设施、交通条件等，价值会进一步提高。

（2）关注嫌恶设施。嫌恶设施与房屋保持一定的安全距离才不会对居住者产生影响。

（3）关注景观状况。好的景观可以使客户获得亲近自然的感受。

（二）房屋实物状况

1. 需要查看的内容

对房屋实物状况进行实地查看，应查看如表 2-2 所示的内容。

表 2-2　房屋实物状况实地查看内容

查看内容	说明
建筑规模	根据房屋的使用性质查看其面积、体积等。面积有建筑面积、套内建筑面积、使用面积、居住面积、营业面积、可出租面积等

（续表）

查看内容	说明
空间布局	通过房屋平面图、户型图等查看房屋功能分区及各分区之间的动线是否合理
房屋用途	查看房屋的规划设计用途及实际用途
层高或室内净高	二者的关系是：净高=层高-楼板厚度
房龄	查看竣工日期
装修	查看是简装还是精装
设施设备	查看给水、排水、采暖、通风与空调、燃气、电梯、互联网等设施设备的配置情况
梯户比	查看所在楼栋或单元电梯（楼梯）数与每层住户数的比例
其他	查看房屋通风、保温、隔热、隔声、防水等情况

（1）查看房屋是否漏水。除了看客厅的地板、浴厕的瓷砖、厨房外，还要看天花板是否有水渍或漆色不均匀的现象。如果有，表示房屋可能存在漏水的情况。如果可能，看一下吊顶四角是否有油漆脱落、漏水等现象。

（2）查看户型是否方正。方正的户型往往符合以下 5 个标准：各个房间和功能区域的形状是方正的矩形；面宽大，进深小；没有暗间；房间大小适中；在不同房间里活动的人不会互相干扰。

（3）查看采光状况。采光状况要分两个层次查看：一是看各个房间是否都为全明格局，即每个房间里是否都有窗户；二是看阳光照射时间的长短。

（4）关注电梯质量。时下塔楼和小高层的数量越来越多，电梯质量不容忽视。电梯故障和事故时有发生，不仅给人们的生活带来不便，而且还威胁着人们的生命安全。

2. 注意事项

若房屋在一层，要注意查看下水是否畅通、有无异味。若房屋在顶层，要注意查看是否有漏水的痕迹。对于老小区，还要注意检查小区墙面是否渗水、脱落等。

（三）房屋物业管理状况

1. 需要查看的内容

对房屋物业管理状况进行实地查看，应查看如表 2-3 所示的内容。

17

表 2-3　房屋物业管理状况实地查看内容

查看内容	说明
物业服务企业相关资料	查看物业服务企业的名称、资质等；查阅资料，看该企业是否为省级或市级知名物业服务企业，是否获得过奖励或荣誉称号
物业服务费标准和服务项目	询问业主或物业服务人员服务费标准、服务项目等
基础设施的维护情况和周边环境的整洁程度	查看门厅、楼梯等共用区域和电梯等共用设施设备的维护情况，楼道、小区道路等的整洁程度，小区花草树木的养护情况等

2. 注意事项

（1）亲身感受物业管理的质量。有经验的经纪人能从小区保安说话、走路、站姿等方面看出小区的物业服务水平。

（2）观察雨后情形。下雨的时候，经纪人去周围观察一下，看看小区的排水系统如何。

（3）注意晚上的情形。入夜看房能考察小区物业是否重视安全、有无定时巡逻，安全防范措施是否周全，有无摊贩产生的噪声干扰等情况。这些情况在白天是难以观察到的，只有在晚上才能获得最准确的信息。

（4）进入小区后留意小区楼栋墙上、楼梯、电梯间是否有乱贴的小广告，乘坐电梯时留意电梯是否有老化的迹象，小区内人车是否分流等。

（四）其他事项

（1）查看房屋有无附带出租、出售的车位，有无需要拆除的附着物，有无附赠的动产等。

（2）对于带家具和家电的房屋，要查看家具和家电的品牌、型号、成色及使用情况等。

细节10：拍摄视频与照片

经纪人在实勘房屋时应拍摄视频与照片。拍摄时要注意以下事项。

（1）站在房间斜对角线的位置上，以能看到室内全景的视角进行拍摄。

（2）即使是白天，也要将室内的所有灯打开拍摄。房间内不得脏、乱，沙发、桌椅、床上无杂乱衣物。

（3）拍摄卫生间时，一定要将马桶盖盖上。

（4）不要逆光拍摄，要避开人物进行拍摄。

（5）房子内的特殊装修部位可以拍特写。

（6）最好使用专业的全景相机，注意拍摄速度，保证画面高清。

> 小提示　拍摄视频与照片前一定要查看室内是否整洁，如果不够整洁，应在征得业主同意后先收拾好，并将室内的所有灯打开后再进行拍摄。

细节11：与业主沟通

经纪人在做完房屋实勘后要与业主进行沟通，详细了解情况。

（一）沟通的关键点

在沟通中要特别注意图 2-2 所示的 5 个关键点。

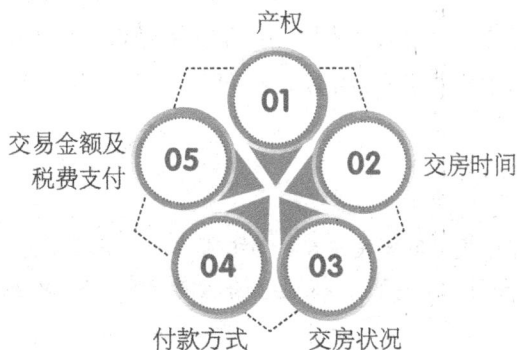

图 2-2　沟通的关键点

1. 产权

产权是否清晰完整是决定一套房子能否交易成功的首要条件，如果房子的产权不清晰，就没有成交的可能，也不满足销售的条件。产权沟通要点如表 2-4 所示。

19

表 2-4　产权沟通要点

典型话术	目的
我想请问一下，房产证上写的是您的名字吗	确定这套房子是不是业主本人的，排除赠予和继承的情况
这套房子有共有人吗	房改房默认有共有人，如果这套房子是房改房，交易时配偶必须到场。对于商品房，经纪人要问清业主是否有共有人；如果有，要问清楚有几个人，签合同的时候能否都到场；如果不能到场，要询问业主能否出示公证委托书
房子是否被抵押？房子现在还有贷款要还吗？有的话，还有多少贷款？是在哪家银行贷的	这样层层深入地问是为了深入了解业主的经济情况，为之后的议价做好铺垫

2. 交房时间

二手房交易过程中关于交房时间的约定一般是：业主收到全部房款之后交房。因为房子的使用情况不同，可能会出现不同的交房时间。通常，一套房子的使用情况有以下三种。

（1）空房

在空房的情况下，经纪人应尽量说服业主在短时间内成交。

（2）有租客住

如果房子有租客住，经纪人一定要问清楚业主是否已经跟租客说过要卖房子，签了多久的合同，合同何时到期，租客能否随时搬走等。租客能否配合客户看房也要提前问好。

> **小提示**
>
> 《中华人民共和国民法典》第七百二十五条规定，租赁物在承租人按照租赁合同占有期限内，发生所有权变动的，不影响租赁合同的效力。

（3）业主自住

如果房子是业主自住，经纪人也要了解清楚情况，如业主将房子卖掉后是否有其他房子住。有些业主卖房子是为了换房，相关情况一定要搞清楚。

比如，有的业主可能在卖房时还没有找到住的地方，拿到全部房款后还要过一段时间才能搬走，这时经纪人就要尽量找不急于搬入的客户。当然，这个条件也可以成为经纪人与业主谈判的筹码。

3. 交房状况

（1）话术："您有没有用这套房子落户呢？如果交易成功，户口能随时迁走吗？"

有的客户买房是为了落户，提前了解清楚与房子相关的户口状况，有助于后续与客户沟通。

（2）话术："这个价格应该是包含家具和家电的吧？"

经纪人要先假设业主赠送家具和家电，最好不要直接问业主送不送家具和家电。如果直接问业主送不送，大多数业主的回答肯定是不送，要么就是可以送，但是要加钱。所以，经纪人一开始要假设家具和家电是赠送的，让业主觉得目前的报价偏高；即便现在不赠送，这样问也可以为以后的议价做好铺垫。

4. 付款方式

话术："如果有客户想以公积金贷款的方式买这套房子，您这边应该没有问题吧？"

通常购买二手房的付款方式有两种——一次性付款和按揭贷款。无论采用何种付款方式，价格大致相同。两种付款方式的区别在于，在一次性付款的情况下，业主会较早收到尾款，按揭贷款的尾款付款时间则相对晚一点。业主对付款方式的限制越少，房子成交的机会就越大。之所以不直接问业主是只接受一次性付款还是可以接受贷款，是因为很多业主还是希望买家一次性付款。所以，经纪人要避免这样问，换一个角度去问业主接受公积金贷款还是接受商业贷款。相比之下，办理公积金贷款耗时较久，业主大多会接受商业贷款。

5. 交易金额及税费支付

（1）话术："房产证满 5 年了吗？要是没有满 5 年，按照现在的规定，增值税和个人所得税应该由业主缴纳，您这边没有问题吧？"

这么说可以为以后的议价做好准备。

（2）话术："现在这套房子的底价是多少？"

切忌问业主现在想卖多少钱。对业主而言，成交价格肯定是越高越好。

（二）沟通的注意事项

经纪人在与业主沟通时要注意以下几点。

（1）注意语气和语调。

（2）尽量让业主觉得经纪人和他是同一"战壕"的，经纪人是帮他解决问题的。

（3）多使用"请问""我们这套房子"等话语。

（4）尽可能多说房子的优点，不要给业主太大的压力。

（5）尽可能了解业主卖房的原因和急迫程度。

（6）尽可能了解业主的兴趣爱好、家庭背景、工作性质、过去是否有卖房的经验等，为后续谈判打好基础。

> **小提示**　经纪人通过实勘可以取得与业主沟通、增进感情的机会，了解业主的性格特点及其心理价位有利于后期的议价。

（三）沟通后续事项

经纪人在与业主沟通后应填写表 2-5 所示的房源实勘表。

表 2-5　房源实勘表

部门		勘察人		陪同人		
小区名称		房源编号		楼层		户型 __室__厅 __卫__阳
建筑面积 __平方米	朝向		层高		建成年代	
装修年限 ___年	装修成本		装修情况	□精装　□简装　□毛坯		
房屋现状	□空房　□自住　□出租			房屋用途	□住宅　□办公　□商用	
供暖方式	□集中供暖　□自采暖方式（　）			是否有车位	□是　　□否	
燃气方式	□天然气　□液化气　□其他___			售价		得房率
产权性质	□商品房　□已购公房　□经济适用房　□回迁房　□其他___					
产权证编号		产权证日期		契税发票日期	户口情况	□有户口 □无户口
贷款情况	□无　□有	贷款金额 ___万元		是否满5年	□是 □否	出售目的
是否抵押	□是　□否	抵押金额 ___万元		抵押类型	□商用贷款　□公积金贷款 □抵押消费贷款	

（续表）

抵押权方	□银行　□典当 □个人	是否唯一	□是 □否	腾房条件		家具家电 是否赠送	□是 □否
税费	□契税　□增值税　□个税　□土地出让金　□综合地价款　□其他____						
居住费用	供暖费（　　）　物业费（　　）　停车费（　　）　燃气费（　　）　其他费用（　　）						

🎭 话术参考

实勘房屋的话术

1. 说服业主同意实勘的话术

当经纪人要求实勘时，业主可能会说"今天不方便，你先找客户吧，等有了合适的客户再来看房"，这时经纪人可以参考以下话术。

"是这样的，我在这片区域工作了很长时间，对这边的客户和房源情况都比较了解。您肯定希望您的房子卖个好价钱，对吧？如果我对您的房子非常了解，能充分挖掘房子的优势，这对快速成交是非常有利的。我在看了您的房子之后，还可以提出一些好建议。我觉得实勘很重要，您说呢？"

"我刚从事这行不久，所以我的工作热情很高。我最近刚接受培训，所以对房屋销售技巧有一定的了解。如果您选择我，我会比其他人更努力，更迅速地把您的房子卖出去。此外，我们店长从事这行已经有 5 年的时间了，在整个服务过程中，他会随时为我提供帮助。你是不是也希望有我这样的经纪人为您服务呢？我们可以从看房开始。"

2. 回应业主质疑填写房源实勘表必要性的话术

业主经常会问"你帮我卖房子，填房源实勘表有什么用"，这时经纪人可以参考以下话术。

"×先生/女士，您好！其实这是在为您着想，这一张小小的表格能给您带来以下好处（一定要开宗明义地告诉业主有哪些好处）。

"第一，现在很多客户一定要详细地了解房屋情况后才会有兴趣看房。这张表格直白明了，可以帮您过滤客户、节省时间。

"第二，我们公司规模很大，同事很多，如果信息登记不全，不同的同事每次在带看前可能都需要询问您关于房屋的一些问题。如果我填了这张表格，回到店里录入房源系统，那么带看的同事一查即可。这样就能避免您总被问同样的问题，减少对您的打扰。

第三，我们公司为了保障服务质量，已经全面更新了业务系统，完善了服务流程。实勘是重中之重，我们记录好房屋信息，回去之后必须马上把信息录入系统，这也是对您负责。"

3. 请求查看业主产权证的话术

当经纪人对业主说"我需要看一下房产证"时，如果业主说"有这个必要吗？房子肯定是我的"，经纪人可以参考以下话术。

"我当然知道房子肯定是您的，但客户不知道。您可以换位思考一下，如果您是客户，您肯定想核实一下要买的房子的真实性，至少要知道是否有房产证，对吧？（用问题引导业主认可自己的说法）

"另外，现在房管局要求二手房全部执行网签手续，为了让您的房子能顺利卖出去，我必须提前了解具体信息，做好备案，这也保证了您卖房子的合法性。

"还有，我们公司作为一家讲求诚信的公司，有义务保证您和买方信息的真实性。对于买方，我们同样会了解他的身份和支付能力，这是对等的，您说对吧？比如，有一天我约您过来谈判，至少我会保证客户是真的想买，而不是随便和您聊聊，以免浪费您的时间。所以，请您放心……"

4. 请业主备齐证件的话术

经纪人向业主了解产权情况时会谈及相关证件，如业主配偶是否同意或积极配合，这时可以参考以下话术。

"这些是在出售房产的过程中要用到的证件，我提前跟您说一下。如果是贷款的客户，还需要您和配偶提供证件。如果有不在身边的证件，请您提前做好准备，以免浪费时间。"

5. 请业主留下联系方式的话术

经纪人请业主留下联系方式（如手机号码、电子邮箱）时，可以参考以下话术。

"请您留电子邮箱是因为我们想更快地把您的房子卖出去。我们会为您的房子打广告。我们设计好广告以后会把方案发到您的电子邮箱，您可以提一些建议，毕竟您对自己的房子要比我们熟悉得多，有感情得多！"

6. 了解房屋的按揭或抵押情况的话术

当经纪人向业主了解房屋的按揭或抵押情况被拒时，可以参考以下话术。

"因为在过户前房屋贷款必须还清，所以我必须了解清楚贷款的金额及银行。有的银行需要提前很长时间预约还款，如果我不预先做准备，就算有了客户，也有可能影响交易成功后拿到房款的时间。我们了解这些主要是为了把时间和相关事项安排好。"

7. 了解有关房产与户口问题的话术

"如果这套房子顺利售出，您在户口迁移方面会有问题吗？因为有很多客户买房子就是为了落户，方便孩子在小区附近上学。"

8. 了解交房时间的话术

"因为大部分客户都着急住，所以客户需要了解能否在第一时间搬进去。您告诉我交房时间，我好心里有数，到时也好回答客户的问题。"

9. 了解售房原因的话术

"买房子是大事，不是买菜，特别是工薪阶层，一辈子能买一套房子就很不错了，客户除了信任公司和我个人外，还想了解业主的更多信息，确定房子的真实性、合法性，作为中介方，我们有义务了解并回应。"

10. 了解是否赠送家具家电的话术

"看得出当初您没少在房子上花心思，家具和家电都很齐全，真有客户认同这种装修风格的话，赠送家电、家具也会成为一种优势。"

11. 回应业主询问代理费的话术

"这是所有业主都会问的问题，但是在讨论代理费之前，我想您最关心的还是房子的价格，毕竟房子能卖出合适的价格才是最重要的。我们公司有公开透明的收费标准，绝不会多收一分钱。"

环节 3 获取委托

房源和客户是经纪人赖以生存的关键资源。经纪人获得业主委托的房源越多，将房源与不同需求的客户成功匹配的机会就越多，交易成功的概率就越高。经纪人可以按图3-1所示的步骤获取业主委托。

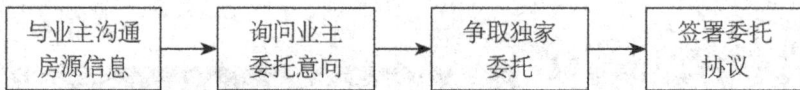

图 3-1　获取业主委托的流程

细节12：说服业主独家委托

很多经纪人都希望获得独家代理的房源，因为这样既掌握了竞争优势，又方便与业主沟通。

（一）什么是独家委托

所谓独家委托，是指业主将自己的房产委托给单家房地产中介公司代理销售，房地产中介公司按业主的委托条件销售该房产；业主在约定的期限内不能自行或委托其他公司或个人出售房产。独家委托是对房地产中介公司和经纪人利益的最大保障。

（二）适合独家委托的房产

（1）价格合理、需求旺盛、业主售房目的明确且配合度高、看房方便的房产。

（2）价格偏高、需求旺盛、业主售房目的明确且配合度高、看房方便的房产。

（3）价格低、户型好、楼层好、区位一般的房产。

（4）建成时间较短、价格偏高、户型好、楼层好的房产，年代久远、区位好、户型好、楼层好的房产。

（5）价格合理、业主售房目的明确且配合度高、看房方便、距离房地产中介公司不太远的房产。

（三）独家委托的好处

经纪人要让业主知道独家委托的好处，具体如下。

（1）省时、省力。多家公司代理时，无效客源多，这会浪费业主的很多时间和精力。

（2）安全、放心。独家委托可以消除许多中间环节，业主只与一个人联系，业主更放心，安全性也更高。

（3）利益保障。多家公司代理时，房地产中介公司为了争取成交往往会先牺牲业主的利益；而独家委托时，房地产中介公司会努力帮业主争取合适的价格，维护业主的利益。

（4）提高成交概率。经纪人会全心全意为业主服务，为独家委托房源优先打广告并广泛推销，提高成交概率。

（5）客户筛选。对于独家委托的房源，经纪人在带看前会帮业主筛选客户，优先选择成交可能性较高的客户。

（6）便于操作。如果房源在很多家房地产中介公司登记出售，客户会有一种"该房产是不是有什么问题？要不然怎么这么着急卖，这么多家房地产中介公司都在卖"的感觉。

话术参考

争取独家委托的话术

1. 针对不给独家委托保证金的业主

"×××，您跟我们公司签独家委托，有四个方面的好处。第一，接下来就我一个人和您联系，即使我们经理给您打电话，也要通过我给您打。这样就避免了很多人给您打电话而影响您的工作和生活。第二，签了独家委托的房子，我们都会在房源大厅进行大力展示与推广，包括'黄金眼'、前10等位置，可以更快地帮您匹配到最合适的客户。第三，避免多家中介公司为了保护自己的利益而造成报价不统一，耽误您很多时间的情况。您把房子独家委托给我们以后，我们可以更好地帮您把控客户。第四，我们公司除了有自己的销售团队，还和很多中介公司都有合作，您把房子独家委托给我们相当于委托给了市面上主要的中介公司，可以节省大量的时间。"

2. 针对给独家委托保证金的业主

"×××，您跟我们公司签了独家委托，我们会在承诺的期限内帮您把房子卖出去，而且为了保障您的利益，我们会给您一些保证金。在独家委托的这段时间内，我们会在房源大厅等位置对您的房子进行重点推广。客户确定后，您直接过来签合同就行，平时也只有我和您沟通房子的事情，不会过多地打扰您的工作和生活。如果我们在期限内没有帮您把房子卖出去，保证金就归您了；如果我们把房子卖出去了，您把保证金还给我们就行了。×××，如果我们找不到客户、没有信心，也不会给您保证金，请您相信我们。您只需要提供房产证和身份证复印件，我们会在您正式委托后以最快的速度、最合适的价格帮您把房子卖出去。"

3. 针对"精耕"楼盘

"×××，这个楼盘是我们一直主做的楼盘，这个楼盘有哪些户型、有多少套在售房源，以及每个房子的具体情况，我们都是非常了解的。您看这是这个楼盘最近几个月的网签数据，十套房子里有七八套都是我们卖出去的，我们的销售人员对销售这个楼盘的房子都非常有信心，而且我们积累了很多这个区域的客户。您跟我们签独家委托，我们能以最快的速度帮您匹配合适的客户，保证价格合适，同时还节省您的时间。"

4. 针对卖了一段时间没有成交的房子

"×××，您好！我和您沟通一下房子的情况，您看我帮您卖了这么久，房子还没卖出去，昨天我好好地思考了一下没有成交的原因。我想主要是因为各家中介公司都为了自己的利益相互'拱客户'，乱报价格，这对卖房真的不是什么好事。现在买房子的客户肯定是挨家问价格，谁家的价格最低就在谁家成交。比如，上次我有一位客户就是在 3 家公司做对比，每家报价都不一样，相差 30 万元，最后业主让了将近 20 万元卖的。房子和其他商品不一样，卖的时间长了不利于房子的出售，客户会以为卖这么久还没有卖出去可能是因为房子有什么问题。×××，我建议您委托我们独家销售一个月，我们不会'压房'，我们会针对独家房源做销售计划，并在首页进行展示。独家销售期间，全公司的销售人员都会主推这套房子，只有独家房源才能享受这种待遇。这样不仅可以减少打扰，而且能保证以最快的速度帮您把房子卖出去。"

5. 针对着急卖房的业主

"×××，我知道您着急卖房，您的房子我也看过。我也希望您的房子早点卖出去，我们公司在这个区域的市场占有率很高，十套房子有七八套都是在我们公司成交的。您看我今天已经带着保证金过来了，虽然不知道您最后收不收。我知道这点保证金对您来说不算什么，但这代表了我的诚意和信心。有三点是我可以肯定的：第一，我在这个区域做的时间足够长，所有的房源我都了解，我是这个区域十分专业的经纪人；第二，我非常喜欢您的房子，您的房子我肯定能卖出去；第三，我们团队主做这个区域，积累的客户较多，您只要给我们一段时间，我肯定能帮您把房子卖出去，如果没有卖出去，保证金就不用还给我们了。请您相信，您把房子独家委托给我们之后，我们肯定会以最快的速度帮您成交。"

（四）获得独家委托的技巧

业主拒绝独家委托不外乎两个原因，一是对经纪人不信任，二是想省下中介费用。因此，经纪人在与业主交流的时候，可运用图 3-2 所示的技巧来说服对方。

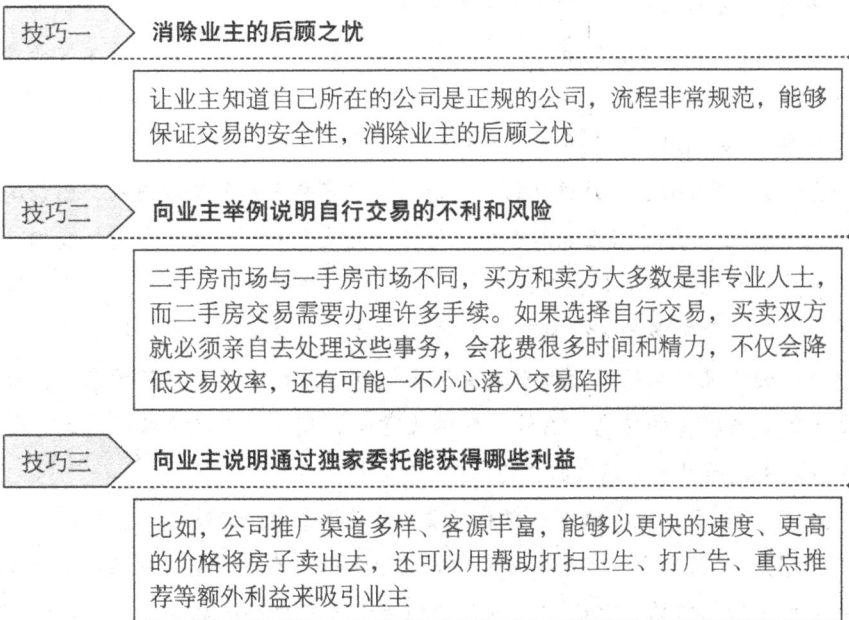

技巧一 ＞ 消除业主的后顾之忧

让业主知道自己所在的公司是正规的公司，流程非常规范，能够保证交易的安全性，消除业主的后顾之忧

技巧二 ＞ 向业主举例说明自行交易的不利和风险

二手房市场与一手房市场不同，买方和卖方大多数是非专业人士，而二手房交易需要办理许多手续。如果选择自行交易，买卖双方就必须亲自去处理这些事务，会花费很多时间和精力，不仅会降低交易效率，还有可能一不小心落入交易陷阱

技巧三 ＞ 向业主说明通过独家委托能获得哪些利益

比如，公司推广渠道多样、客源丰富，能够以更快的速度、更高的价格将房子卖出去，还可以用帮助打扫卫生、打广告、重点推荐等额外利益来吸引业主

图 3-2　获得独家委托的技巧

如果谈到最后业主依旧表示要自行销售，经纪人为了给业主留下一个好印象，也为了给自己留一条后路，应向业主表示，自己在二手房交易方面比较专业，如果

业主有什么不懂的地方，可以随时打电话询问，自己会为其提供一些有价值的信息。这样业主就会对经纪人产生好感，说不定以后会改变主意。

情景模拟

赢得业主信任从而获取房源

经纪人："王女士，我在网上看到您有一套××小区的房子要出售，想跟您了解一下具体情况，可以吗？"

业主："你问吧。"

经纪人："请问您的房子面积多大？在几层？"

业主："138平方米，三室两厅，在11层。"

经纪人："屋内可以看得到××山吗？"

业主："可以。对了，你是不是中介啊？"

经纪人："王女士，您真厉害，一下子就听出来了。是的，我是××房产公司的小张。"

业主："对不起，我没有打算找中介。"

经纪人："王女士，是这样的。我是××房产公司的高级经纪人，已经从业3年了。我们公司是一家互联网中介公司，一直秉承诚信经营的理念，我们可以把您家房子的照片和视频发布到各大平台。我们公司的宣传力度相当于20家中介公司，能让足够多的客户看到您的房子。有意向的客户会先通过照片和视频了解房子的情况，从而快速做出决定。凡是我带着到您家看房子的客户，都在线上了解了足够多的信息，有较强的购买意向。我保证以非常快的速度帮您把房子卖出去，而且不会经常打扰您。"

业主："算了，现在的中介都不可靠，听说很多中介还吃差价。"

经纪人："王女士，我想您可能对我们中介行业有所误解。确实有些中介公司存在吃差价的行为，但我们公司是咱们市十佳中介公司之一，至今还没有出现过客户投诉的情况。我从业已经3年了，相对来说经验还是比较丰富的，你们小区3号楼的一套两居室就是我卖出去的。"

业主："哦，是吗？可我还是觉得不够放心，还是自己卖好了。"

经纪人:"其实,委托中介卖房对您来说还是很有好处的。我们可以更快地帮您把房子卖出去,可以为您节省时间和精力……另外,二手房交易手续挺烦琐的,如果不交给专业人士处理,很可能会出现一些风险。前几天报纸上还刊登了一则新闻,说一位业主自行出售房子,由于对相关法律法规不熟悉,结果最后出了问题。"

业主:"听你这么一说,我还真有些担心。我找个时间去你们公司看看吧。"

经纪人:"好的。您看是明天上午还是明天下午?"

业主:"明天不行,我最近比较忙。"

经纪人:"好的。王女士,这样吧,我用微信给您发送一个链接,我们公司开了企业微店,您可以直接在手机上完成房源登记,非常方便。您关注我们的微信公众号以后,就可以进一步了解我们公司。当然,如果您实在不放心,最好还是到我们公司看看。"

业主:"好的。我的微信号是××××。"

经纪人:"好的,我马上加您微信。"

业主:"好的。"

该业主不愿意委托中介卖房主要是因为对中介行业不了解,并由此产生了不信任感。经纪人首先要用真诚的话语获得业主的好感,接下来再帮业主分析委托中介卖房的好处。只有得到业主的信任,才能使面谈甚至获得获得独家委托成为可能。

(五)与业主签订独家委托协议

对于独家委托的房源,业主与房地产中介公司要将委托事项、权责等条款通过文书的形式呈现,正式签订独家委托协议。

下面提供一份某房地产中介门店的《房地产出售独家代理委托协议》范本,仅供参考。

范本

房地产出售独家委托协议

甲方（委托方）：_____

乙方（受托方）：_____

甲方在征得房屋所有权人及产权共有人的同意后，现将位于_____

_____的房产委托乙方独家代理销售。根据相关法律法规的规定，甲

乙双方在平等自愿的基础上，协商一致，就相关事宜达成以下共识。

第一条　甲方确认出售房屋的基本情况和出售条件

1.独家代理销售期限自____年__月__日起至____年__月__日止。

2.房产权属证明：_____；权属证号：_____。

3.房产销售底价为人民币__仟__佰__拾__万__仟__佰__拾__元整(小写：¥__

_____元）。

4.甲方同意采用付款方式：[一次性付款][分期付款][银行按揭付款][公积

金付款][其他：_____]。

5.房产交易过程中产生的所有税费的承担方式：[按票据各付各税][甲方全

额支付][甲方不支付]。

6.交房状况及时间：_____。

7.该房产是否存在共有、出租、抵押、查封等权利受限制的情况：_____

_____。

8.该房屋的土地使用权取得方式：[出让][划拨]。

9.其他：_____。

第二条　甲方义务

1.保证本人对该房产拥有完整处置权。

2.提供房产的权属资料，供乙方核实。

3.在乙方为甲方提供代理服务的过程中，甲方应予以配合并提供必要的协助。

4.在本合同规定时间内向乙方支付代理服务费用。

第三条　乙方义务

1.具备房地产交易咨询、经纪服务资格，并保证操作的合法性。

2. 核实甲方对房产处置权的真实性并察看该房产。

3. 免费为甲方提供房产交易方面的咨询。

4. 免费为该房产制定营销策略及方案。

5. 出资为该房产发布广告。

6. 以不低于合同底价的价格销售该房产。

7. 未经甲方同意，不泄露甲方的信息。

第四条　购房定金

1. ____年__月__日前，如有买方同意按本协议第一条约定的条件购买该房产，则乙方即可代甲方向买方收取购房定金。

2. 乙方须将购房定金抵扣完代理服务费后的余额转交给甲方。

第五条　中介服务费给付

1. 代理服务费：甲方在收到买方购房定金的当日须向乙方支付代理服务费人民币_____元整（￥_____元）。

2. 甲方与买方签订房产买卖合同后，[需要][不需要]乙方代办房产[交易过户][水、电、气、有线电视、宽带过户][银行按揭][土地证][房产公证][其他：_____]手续。

3. 如果买方悔约，鉴于甲方可向买方收取违约金及乙方已付出的劳动，甲方同意不向乙方索取已支付的劳务费用。

第六条　法律责任

1. ____年__月__日前，甲方不得另行销售该房产，否则须承担由此导致的所有责任。

2. ____年__月__日前，买方以本协议第一条约定的条件购买该房产，与乙方签订书面文件并交付定金后，如果甲方悔约，甲方须承担买方定金的双倍赔偿金。

3. ____年__月__日前，如果甲方因非乙方原因终止本合同，须向乙方支付人民币_____元（大写：_____元）作为劳务费。

4. 如果甲方逾期支付本协议约定费用，每逾期一日，甲方须按日向乙方支付实际应付款的万分之三作为滞纳金。

5. 如果甲方与乙方介绍的客户私下交易，甲方须向乙方支付_____元（大写：_____元）作为补偿。

6. 如果乙方未经甲方书面认可，以低于底价的价格出售该房产，除了须向甲方补足差额房款外，另须向甲方支付人民币_____元（大写：_____元）

的违约金。

7. 其他：_____。

第七条　文件送达

双方发给对方的通知、文件、资料的送达地址以合同记载的联系地址为准。

第八条　本合同在履行过程中发生争议，双方当事人协商不成的，可依法向签约所在地的人民法院起诉。

第九条　本合同未尽事宜，双方可通过附加协议解决，附加协议与本合同具有同等法律效力。

第十条　本协议一式两份，甲、乙双方各执一份，自双方签字盖章后生效。

甲方：　　　　　　　　　　　　　乙方：

地址：　　　　　　　　　　　　　地址：

电话：　　　　　　　　　　　　　电话：

代表人：　　　　　　　　　　　　代表人：

____年__月__日签于____市　　　　____年__月__日签于____市

细节13：力邀业主留下钥匙

有钥匙的房源通常可以更快地销售出去，因为客户看房比较方便，并且房源的真实性有保障。

（一）业主不愿留钥匙的原因

有的业主会主动留下钥匙配合房地产中介公司安排客户实地看房，节约彼此的时间，但有的业主不愿意把钥匙留在房地产中介公司，具体原因如下。

1. 出于安全考虑

不少业主觉得把钥匙给了别人，自己就失去了对房屋的控制权，会产生风险。另外，他们对房地产中介公司缺乏信任，个别经纪人拿到钥匙后住到业主家里的情况也确实出现过，所以他们不敢把钥匙留在房地产中介公司。

针对这样的业主，经纪人要帮助业主建立信心。

比如，宣传公司；建立良好的个人形象；用专业性增强业主的信心；通过接触增进感情；告知业主收钥匙流程和保管钥匙的相关规定，让其放心。

2. 觉得多此一举

有些业主不知道把钥匙放在房地产中介公司有什么好处，所以他们觉得没有必要这样做。因此，经纪人应该适时地向业主说明把钥匙放在房地产中介公司的好处（见图3-3）。

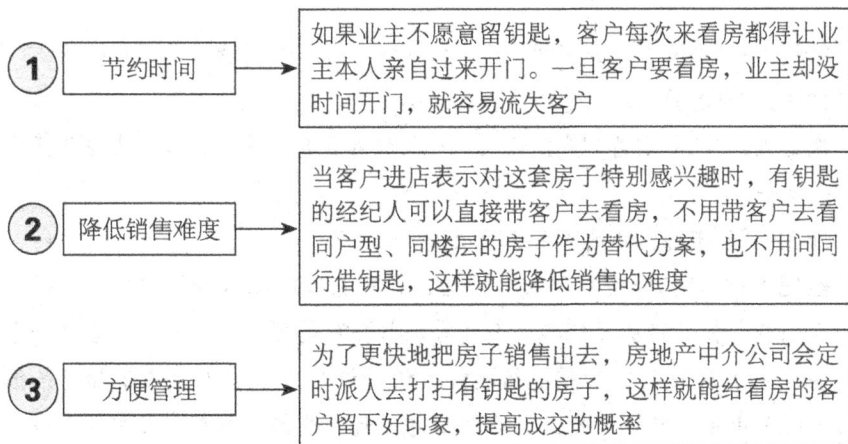

①节约时间 → 如果业主不愿意留钥匙，客户每次来看房都得让业主本人亲自来开门。一旦客户要看房，业主却没时间开门，就容易流失客户

②降低销售难度 → 当客户进店表示对这套房子特别感兴趣时，有钥匙的经纪人可以直接带客户去看房，不用带客户去看同户型、同楼层的房子作为替代方案，也不用问同行借钥匙，这样就能降低销售的难度

③方便管理 → 为了更快地把房子销售出去，房地产中介公司会定时派人去打扫有钥匙的房子，这样就能给看房的客户留下好印象，提高成交的概率

图 3-3　业主留钥匙的好处

3. 已经放到其他公司

经纪人听到这个消息应该感到高兴，毕竟业主能够接受把钥匙放在房地产中介公司。经纪人应该趁热打铁，询问业主是否可以在本公司留一把钥匙。

另外，经纪人还应该向业主大力宣传本公司的实力，看是否有机会让业主从其他公司那里拿回钥匙。

4. 室内贵重物品较多

如果业主强调室内贵重物品较多，经纪人一定要慎重。经纪人要跟业主确认室内有哪类贵重物品，是否可以放到别处。如果业主可以将贵重物品放到别处，经纪人便可以请求业主留钥匙；如果业主不便拿走，物品又真的很贵重，那么经纪人不应强求业主留钥匙，也可以陪同业主亲自清点室内物品并由双方签字确认后再让业主留钥匙。

小提示

如果业主本人或其他人还住在房子里，那么不建议经纪人留钥匙。

37

情景模拟

> ### 如何拿到空房子的钥匙
>
> **经纪人:** "李女士,我想问一下,您的房子目前是空着的还是自己在住?"
>
> **业主:** "空着的,好久没住了,怎么啦?"
>
> **经纪人:** "既然空着,我建议您放一把钥匙在我们这边,我们会给您开公司盖章的收条。"
>
> **业主:** "那不行,钥匙怎么能随便给你们呢?"
>
> **经纪人:** "我们非常理解您的顾虑,您可能目前还不大相信我们公司。您看,我们有一抽屉的房源钥匙,而且有几套房源是刚刚装修好的,家具和家电都齐全,业主原来也不同意把钥匙给我们,但客户看了几次房子都不是很方便,有时是中午,有时是晚上。您也知道,大多数客户白天一般都在上班,没什么时间,只有中午、晚上或周末才有空,因此没有钥匙的房子在我们这儿两三个月还没几位客户看过。后来,业主把钥匙拿过来,我们主推了一下,现在就和客户谈得差不多了。所以,我建议您把钥匙放在我们公司,大家都比较方便,您觉得呢?"
>
> **业主:** "那我考虑一下,回去和家人商量一下。"
>
> **经纪人:** "我们真的很希望您把钥匙放在我们这儿,一方面方便我们带看,提高效率;另一方面也方便您。据我们统计,一般一套房子要带看20~30个客户才能成交。如果我们有钥匙,就能更高效地带客户看房,也不会打扰您。等有客户的出价差不多时,我们再通知您,到时您只要过来签合同就行了。您看,把钥匙放我们这里多方便呀!"
>
> **业主:** "好了,好了。你说的也挺有道理的。那就先把钥匙放在你这儿一段时间。"

(二)应对同行借钥匙

如果同行来借钥匙,不管借还是不借,经纪人都要以良好的态度来对待,并且及时与业主核实。

应对同行借钥匙的方法一般有两种，具体如表 3-1 所示。

表 3-1 应对同行借钥匙的方法

应对方法	要求	要领
不借	不借的话，一定要以好的态度说明正当的理由，如经理不在、钥匙不能私自外借等，并致以歉意	可以把同行请到店里，像对待客户一样对待他，给他倒水，然后给业主打电话，问业主是否有其他房地产中介公司的人员过来借钥匙，待业主确认不借后再回绝该同行
借	借的话，一定要查看借钥匙人的名片、身份证等，核实对方身份，看房时一定要有两人以上陪同，保管好业主家的物品，关好水电和门窗	可以请暂时不忙的同事陪对方去开门，但不能将钥匙交到对方手中，以免对方私自配钥匙

细节14：房源跟进维护

房源对于经纪人的重要性不言而喻，开发房源只是第一步，后续的维护和跟进才是工作的重中之重。

（一）行情分析

经纪人要想快速把房子卖出去，并且卖出理想的价格，就要时常与业主沟通。经纪人应适当向业主介绍市场行情，对当地楼市情况、社会经济发展情况、相关政策对楼市的影响等进行分析，站在业主的角度，从业主的利益出发，提出最佳的销售方案。

（二）及时反馈结果

经纪人要把带客户看房的情况及客户对房子的看法、要求及时地反馈给业主，为业主提供适当的解决方案。值得注意的是，经纪人与业主沟通时，要客观地评价和分析房子，站在业主的角度考虑问题，维护业主的利益。

（三）做好跟进记录

及时做好房源跟进记录，以便日后查看变更情况，充分把握信息变动所反映的其他情况。

> 获得业主的独家委托之后，经纪人要及时与业主沟通，让业主以后有房源就直接联系自己，以增强业主的忠诚度。这对积累房源是很有帮助的。

小提示

环节 4　房源发布

对经纪人来说，有了房源只是开始，接下来还要把找到的房源发布出去，才能让有需求的客户知晓。

发布房源的流程如图 4-1 所示。

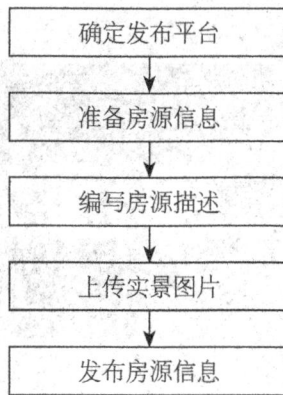

图 4-1　发布房源的流程

细节15：确定发布平台

经纪人在选择房源发布平台时要考虑目标用户、房源类型和区域等方面。常见的发布平台有中介自有平台、在线交易平台、社交媒体等。

（一）中介自有平台

中介自有平台，即房地产中介公司自建的房产信息平台，这类平台仅支持本公司的经纪人发布房源信息（可视为房地产中介公司自己的广告位）。常见的有贝壳找房、Q 房网等。

（二）在线交易平台

在线交易平台是指所有房地产中介公司的经纪人均可在上面发布房源信息的平台。这类平台相当于为所有房地产中介公司提供了付费的广告位。常见的有房天下、安居客、58同城等。

（三）社交媒体

社交媒体包括微信、微博、小红书等，经纪人通过社交媒体发布房源也能取得较好的效果。

细节16：准备房源信息

经纪人准备房源信息时，应对房源的基本信息进行归纳和整理，拍摄或收集相关照片、视频等，将其作为辅助资料。

细节17：编写房源描述

编写房源描述是指根据房源信息及房源特点撰写详细的文字描述，内容包括房屋用途、面积、户型、装修情况、周边环境、配套设施等。

（一）房源标题的撰写

1. 房源标题撰写原则

（1）言简意赅，通俗易懂，字数适当，一般不超过 30 个字。

（2）房源信息必须真实。

（3）深入了解该房源的核心优势，突出这一核心优势，吸引客户点击。

（4）多考量客户最关心的性价比、地段、周边配套、保值升值能力等因素。

（5）多用数据，因为数据更能吸引人关注。

2. 房源标题的写法

房源标题分为以下几种。

（1）直言式标题。这种标题开宗明义，直接说明房子的情况，不使用暗示或双关语。

比如，"×× 小区 95 平方米精装房仅售 ×× 万元"。

（2）暗示式标题。这种标题不直接推销，而是先勾起客户的好奇心，然后通过内文解答客户的疑惑。

比如，"300 万元买一套房子，你应该看看这套"。

（3）"如何"式标题。无论在广告标题、文章标题中还是在书名中，"如何"都可以发挥特殊的作用。"如何"式标题可以吸引人关注标题下面的解决办法。

比如，"如何用 300 万元买到性价比高的房产""80 平方米的房子是如何做出 3 室的"。

（4）命令式标题。这类标题直接告诉购房者该怎么做，可以有效地带动销售。这类标题的第一个词多为动词，要求购房者做出行动。

比如，"马上下单，成为今年门店的第 100 位购房者，获赠好礼"。

（5）见证式标题。这类标题像出自某位客户的口述，重点文字的暗示和自然的口吻能够提高标题的可信度。

比如，"在 ×× 买房，买到的不只是一套房子"。

（二）房源描述的撰写

1. 房源描述的撰写原则

（1）了解网站的规则，不发布违规内容。

（2）房源描述条理清晰，既直观，又能体现经纪人的专业性。

（3）描述专业，不要写得像口述内容一样。

（4）加强服务意识，站在客户的角度考虑问题。

（5）抓住要点，重点描述房源特点，广告性不宜太强。

2. 房源描述的内容

房源描述应包括表 4-1 所示的内容。

表 4-1　房源描述的内容

内容	说明
地理位置说明	讲明地理位置，详细介绍交通路线，如首发站、房源所在地、途经重要站点、终点站等
小区介绍	介绍小区环境、交通、配套设施、停车场等，要简洁明了，以经纪人的专业眼光对小区优势进行分析和解读
房屋情况介绍	包括业主出售该房源的原因、房源面积、房龄、房型、楼层、位置、周边景观、装修、价格（总价、单价）等

（三）推荐理由的撰写

如果只是标题吸引人，推荐理由写得不好，也很难吸引客户。写推荐理由时可以从表 4-2 所示的几个方面着手。

表 4-2　推荐理由

着手点	示例
从房源所属小区的风格、物业、档次、内部配套等方面着手	（1）西欧风格 （2）国际化社区 （3）怀旧情结 （4）恒温游泳池
从房源所属小区的周边配套、交通状况着手	（1）地铁一号线×××站 （2）步行到×××超市只需 5 分钟 （3）对口×××小学
从房源的面积、房型、单价、总价、景观、装修、配置等着手	（1）该小区稀有房型 （2）超低单价 （3）可以观××全景 （4）现代装修风格 （5）实木地板、红木家具
从房东的出售心态着手	（1）做生意急需周转资金 （2）想置换别墅，等着卖房付首付 （3）因工作调动按成本价变卖
对购买该房源应交纳的税费做详细描述，凸显专业性	（1）契税 （2）权证办理费用 （3）税费 （4）首付款
配上房源的实景图、户型图、小区实景图	主要拍摄客厅、主卧、主卫、厨房，也可拍摄一些有特色的地方，如花园、露台、复式挑空、个性书房等
有吸引力的自我推荐	可从毕业学校、从业资历、服务的客户、主营楼盘等方面进行描述

某经纪人在某网站上发布的房源信息如图 4-2 所示。

45

房源概况

■ 核心卖点

位置描述

（1）天鹅湖B栋，高层视野开阔，可看湖、看海、看后海城市景观。

（2）靠山面水，北靠塘朗山，面向天鹅湖和深圳湾海景。

（3）社区北面出门走侨香路，再上北环大道，一路畅通无阻，不用担心堵车的问题。

（4）位于××城，深圳中间位置，去福田、罗湖、深圳湾、蛇口、宝安、龙华等都很方便。

户型描述

（1）20平方米的L形转角阳台，喜爱群体较多。

（2）335平方米，4室2厅3卫，双套房设计，主卧户型通透，南面次卧安静，更适合老人居住。

（3）餐客厅一体，90平方米左右，中西双厨房设计，3扇大落地窗，非常宽敞大气。

（4）两梯一户，2部私家电梯厅，独卡独户，私密性好。

■ 业主心态

业主已经出国发展，国内的房子用不上了，做资产变现处理，诚意出售，价格可以谈。

图 4-2 某经纪人在某网站上发布的房源信息

细节18：上传实景图片

客户上网找房注重的是网络的高效性，希望足不出户便能"房比三家"，这也正是网络的魅力所在。经纪人上传实景图片不仅能让客户对该房源有更直观的了解，也能体现经纪人的专业素养和对客户的诚意。

（一）应上传的图片

拍摄一套精美的房源图片不仅能让客户在实地看房前对房源有直观的了解，也能充分体现经纪人的专业度和服务意识，大大提高工作效率。

图片是房源的重要表现载体，图片会说话，专业经纪人通过图片可以向客户传递很多信息，尤其是对房源优劣势深刻、客观的分析和评价。图片应该与标题、房源描述等内容浑然一体。

经纪人应上传的图片如表4-3所示。

表 4-3 应上传的图片

图片类型	说明
客厅图	客户通过客厅图可以了解房子的格局，所以经纪人一定要慎重选择
厨房图	应上传一张涵盖各个角落的厨房图片，最好选一张看起来显得空间大的图片，一些对做饭要求比较高的客户会很在意厨房
洗手间图	在多数情况下上传一张包含热水器或洗手台的图片就可以了，客户通过该图片大致可以想象到格局
小区的鸟瞰图	小区的鸟瞰图很重要，客户借此可以看到整个小区的动线、布局，以及楼间距是否合理
小区亮点图	可以上传小区的 1 ~ 2 张亮点图，如绿化场景图、小区泳池图及健身、游乐设施图等
户型图	客户可以通过户型图了解整个房子的布局

某经纪人上传至某网站的房源图片如图 4-3 所示。

图 4-3 某经纪人上传至某网站上的房源图片

（二）上传房源图片的注意事项

经纪人在上传房源图片时应注意图 4-4 所示的事项。

要注意保持画面整洁	一定要注意画面的整洁与协调。客户看经纪人拍摄的图片时可以想象到自己将来入住的样子，所以图片中不应包含人像或不必要的东西。拍摄时房间要整洁
不上传虚假的房源图片	不要为了吸引客户而上传虚假图片，否则，客户看房的时候发现实际情况与图片不一致，就会很反感，也有损经纪人的形象
不上传带有水印的图片	有的经纪人可能会从网上找一些相关的图片，但须注意合规使用，不要使用带有水印的图片，否则会显得经纪人很不专业，甚至会让客户怀疑经纪人上传的所有图片都是从网上找的
图片要清晰	上传的图片要清晰、真实，不要有马赛克等遮挡元素

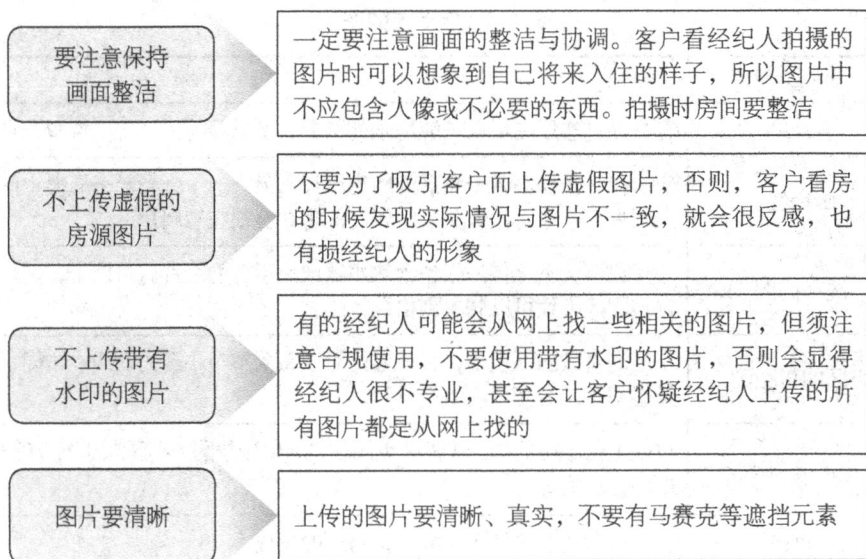

图 4-4　上传房源图片时的注意事项

细节19：发布房源信息

房源信息发布方式有通过平台发布、自己发布、委托他人发布等。发布时要注意措辞，不得使用虚假或误导性的信息，同时要避免出现不雅或违反相关法律法规的内容。

（一）房源的发布与刷新

经纪人应充分利用自己的刷新权限，尽量使自己的房源显示在靠前的位置。房源越靠前，客户点击的可能性就越大。

1. 刷新时间

经纪人可以借助适当的软件刷新房源（须符合平台规则），甚至可以提前设置刷新时间，到了时间软件就自动刷新房源。

> **小提示**
>
> 刷新时间尽量不要设置为整点，因为很多网站的默认刷新时间都是整点，在整点会出现大量的房源信息。经纪人可以将刷新时间设置在整点的前几分钟，如早上的 9：50，以避开刷新房源的高峰期。刷新时间间隔应大于 30 分钟，一般为 60 分钟。

2. 刷新条数

经纪人要坚持每天都刷新，而且要用完刷新量，尽可能增加房源刷新次数。最佳的刷新方式是"少量多次，分布全天"，这样既用完了每天的刷新量，同时分散在各个时间段刷新，可以让在不同时间段搜索房源信息的客户都能看到，收到事半功倍的效果。

（二）及时检验发布成果

经纪人发布房源信息后要及时检验发布成果。经纪人可以使用图 4-5 所示的几种方法检验发布成果。

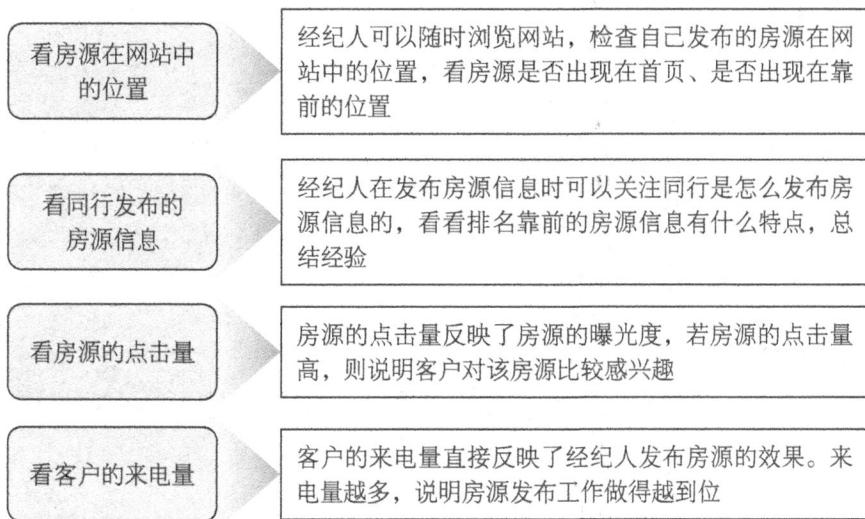

看房源在网站中的位置	经纪人可以随时浏览网站，检查自己发布的房源在网站中的位置，看房源是否出现在首页、是否出现在靠前的位置
看同行发布的房源信息	经纪人在发布房源信息时可以关注同行是怎么发布房源信息的，看看排名靠前的房源信息有什么特点，总结经验
看房源的点击量	房源的点击量反映了房源的曝光度，若房源的点击量高，则说明客户对该房源比较感兴趣
看客户的来电量	客户的来电量直接反映了经纪人发布房源的效果。来电量越多，说明房源发布工作做得越到位

图 4-5　检验发布成果的方法

小提示

经纪人按照以上几种方法发布房源信息后，当有很多客户集中打电话咨询时，经纪人可以记录客户的联系方式，稍后再做跟进。经纪人一定要及时回访客户，了解其意向，为其匹配合适的房源。

环节5 房源推广

经纪人在获取房源后，要对房源进行一定的推广，这样才能让更多的客户知道这些房源。客户在看到合适的房源后会主动联系经纪人，这样就有了成交的机会。

对经纪人来说，房源推广方式有图 5-1 所示的几种。

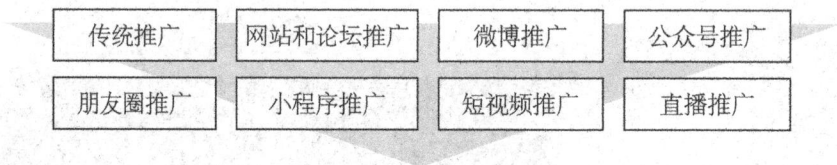

| 传统推广 | 网站和论坛推广 | 微博推广 | 公众号推广 |
| 朋友圈推广 | 小程序推广 | 短视频推广 | 直播推广 |

图 5-1　房源推广方式

细节20：传统推广

传统推广主要有图 5-2 所示的三种方式。

1 派发宣传单页　**2** 门店推广　**3** 老客户传播

图 5-2　传统推广

（一）派发宣传单页

经纪人可以在公交站或其他人多的地方派发印有房源信息、自己联系方式的宣传单页，有需求的客户会主动联系经纪人。

（二）门店推广

门店推广不失为一种好的推广方式。通常每天都会有客户在门店前驻足，经纪人可以热情地跟他们打招呼，了解他们的需求，向他们推荐合适的房源。

（三）老客户传播

老客户是很好的传播者，利用他们的口碑来宣传房源更容易让人信服，也能吸引更多的客户。经纪人要维护好与老客户的关系，定期地跟老客户沟通、联络感情，与老客户成为朋友；也可以向他们推荐优质房源，让他们把这些房源介绍给周围的朋友，这种传播的影响力是很大的。

细节21：网站和论坛推广

现在的大部分客户都喜欢通过网络来查询和了解房源。

网站和论坛推广主要有图 5-3 所示的几种渠道。

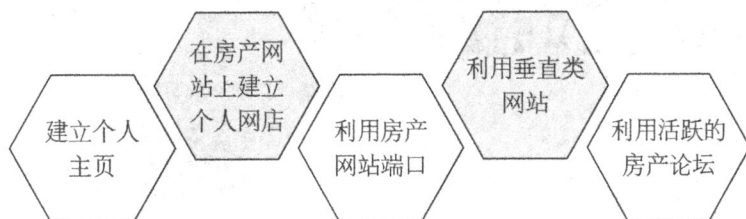

图 5-3　网站和论坛推广

（一）建立个人主页

有条件的经纪人可以建立个人主页，或者将本市房产网站上的个人子域名网络站点当作自己的网络阵地，在上面发布各种房源信息。

（二）在房产网站上建立个人网店

有些房产网站提供让经纪人免费建立个人网店的服务，经纪人可以搜索相关房产网站并建立自己的网店。

（三）利用房产网站端口

一般来说，本市房产网站的房源发布端口可供经纪人免费发布房源信息，经纪人也可以在 58 同城等网站上发布房源信息。

图 5-4 为某经纪人在 58 同城上发布的房源信息截图。

图 5-4　房源信息截图

（四）利用垂直类网站

经纪人可以在赶集网、口碑网及各地房源信息网站上发布房源信息。

（五）利用活跃的房产论坛

经纪人可以在房天下论坛等房产论坛发布房源信息。只要发布的房源信息足够多，发布频率足够高，就可以吸引潜在客户的关注，创造成交的机会。

图 5-5 为某论坛房源信息截图。

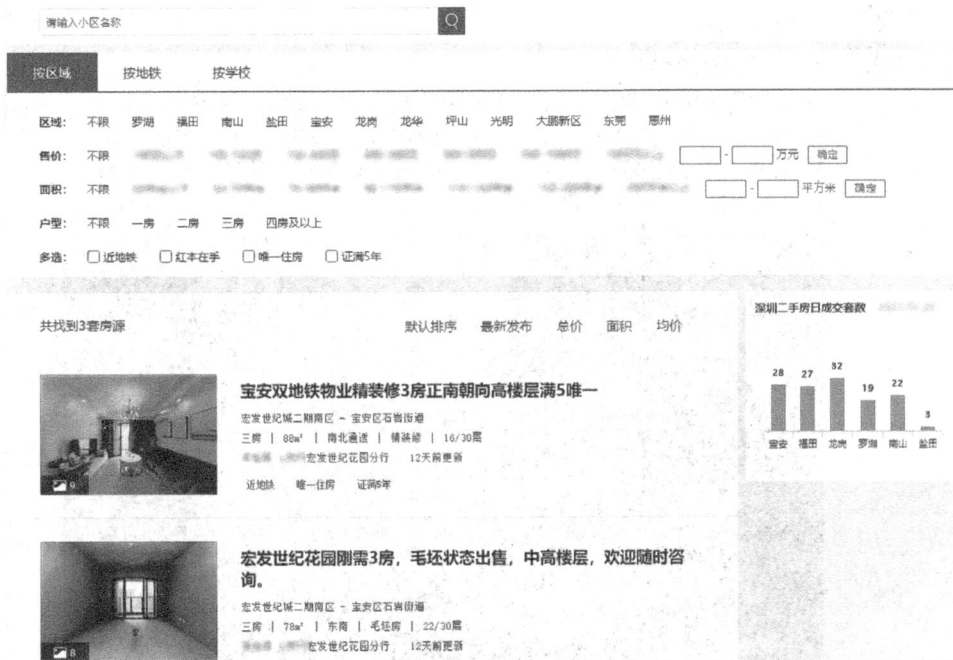

图 5-5　某论坛房源信息截图

细节22：微博推广

经纪人可以通过自己的微博向网友传播企业信息、服务信息，树立良好的企业形象和个人形象。每次更新内容时，经纪人可以与网友交流互动，或者发布他们感兴趣的话题，以此达到推广的目的。

（一）利用微博做什么

对那些真正想提供优质服务的经纪人来说，把业务搬上微博，通过微博与客户交流，更容易形成良好的口碑，建立自己的品牌，形成自己的核心竞争力。经纪人敢于把自己的信息发布在微博上，说明他有实力、有底气，更容易获得客户的信赖。那么，经纪人利用微博可以做什么呢？

1. 发布房源信息

经纪人可以在微博上发布房源信息。图 5-6 为某经纪人在个人微博上发布的房源信息。

二手房经纪人▢▢
5-7 14:37 来自 微博视频号

临近二实验，十中，首付 3 万元，实际面积90平方米，房本74.5平方米。▢▢▢
斜对面，▢▢▢▢▢综合楼，3单元401，两室一厅，装修好，一天没住，品牌家
具、家电，现代无主灯设计，售价35.8万元#无主灯设计##梅河口市##精装修#
🔗二手房经纪人▢▢的微博视频

318次观看　　　　　　　　　　　　　　　　　　　　　　00:29

📍 梅河口市 ▸

🔗 转发　　　　　　　　　💬 1　　　　　　　　　　👍 赞

图 5-6　某经纪人在微博上发布的房源信息

2. 组建中介联盟

出于共享资源、客户等目的，经纪人经常在线下组建中介联盟。在微博上，经
纪人也可以组建中介联盟，利用微博实时传播信息、互动，使工作更有效率。

3. 提供咨询服务

经纪人可以通过微博解答客户提出的问题，寻找商机。经纪人可以通过私信、
粉丝群、公告提示客户自己提供咨询服务，自己会实时解答他们的问题。

4. 发布知识性内容

经纪人可以通过微博发布一些知识性内容，如二手房交易流程、二手房贷款注
意事项、如何不上"黑中介"的当等，吸引潜在客户。

（二）微博推广注意事项

经纪人进行微博推广时要注意以下事项。

（1）不要对客户进行"信息轰炸"，这会使客户反感。经纪人要根据粉丝的

数量调整信息的发布量，要对每日的发布量进行动态控制。

（2）微博营销是一个缓慢的过程，不能急功近利，可以先把微博当成一个信息发布窗口、一个挖掘潜在客户的地方，前期以沟通为主、促成交易为辅。

（3）切忌乱发广告。微博推广的核心在于先交朋友后发展业务，最终通过好口碑来获得客户的认同。刚与他人结识就频繁发广告，必然会引起多数人的反感，得不偿失。

细节23：公众号推广

公众号推广是经纪人拓宽业务渠道、提升成交额的主要方式之一。

经纪人想要让微信用户看到自己的公众号，就要对公众号进行推广。公众号推广方式如图 5-7 所示。

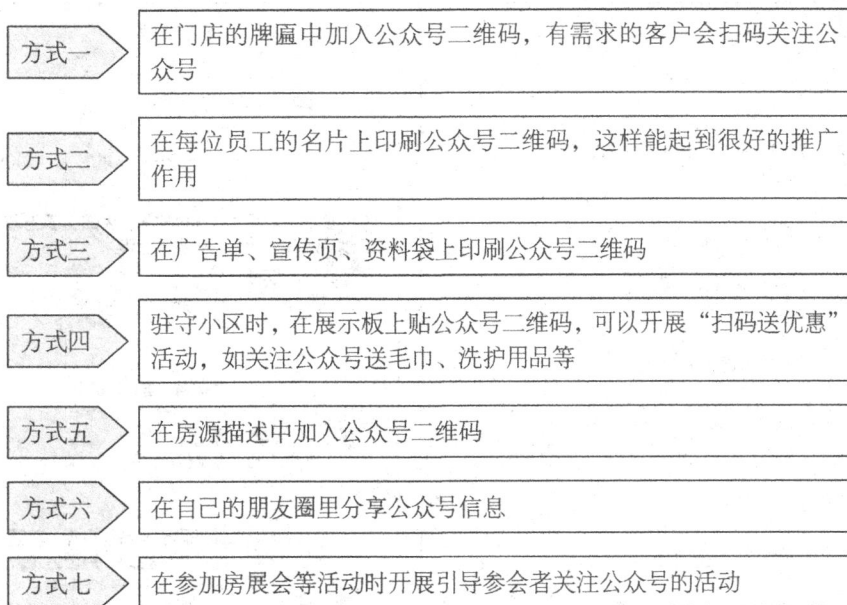

方式一	在门店的牌匾中加入公众号二维码，有需求的客户会扫码关注公众号
方式二	在每位员工的名片上印刷公众号二维码，这样能起到很好的推广作用
方式三	在广告单、宣传页、资料袋上印刷公众号二维码
方式四	驻守小区时，在展示板上贴公众号二维码，可以开展"扫码送优惠"活动，如关注公众号送毛巾、洗护用品等
方式五	在房源描述中加入公众号二维码
方式六	在自己的朋友圈里分享公众号信息
方式七	在参加房展会等活动时开展引导参会者关注公众号的活动

图 5-7　公众号推广方式

经纪人可参考图 5-8 所示的技巧做好公众号推广。

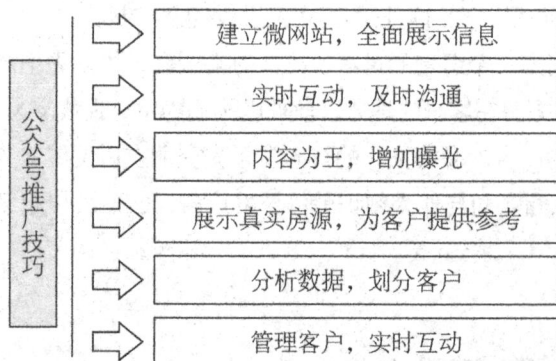

图 5-8　公众号推广技巧

1. 建立微网站，全面展示信息

经纪人可以在微网站上自主发布房源信息、促销活动、最新动态等信息。图 5-9 为某房地产中介公司的微网站。

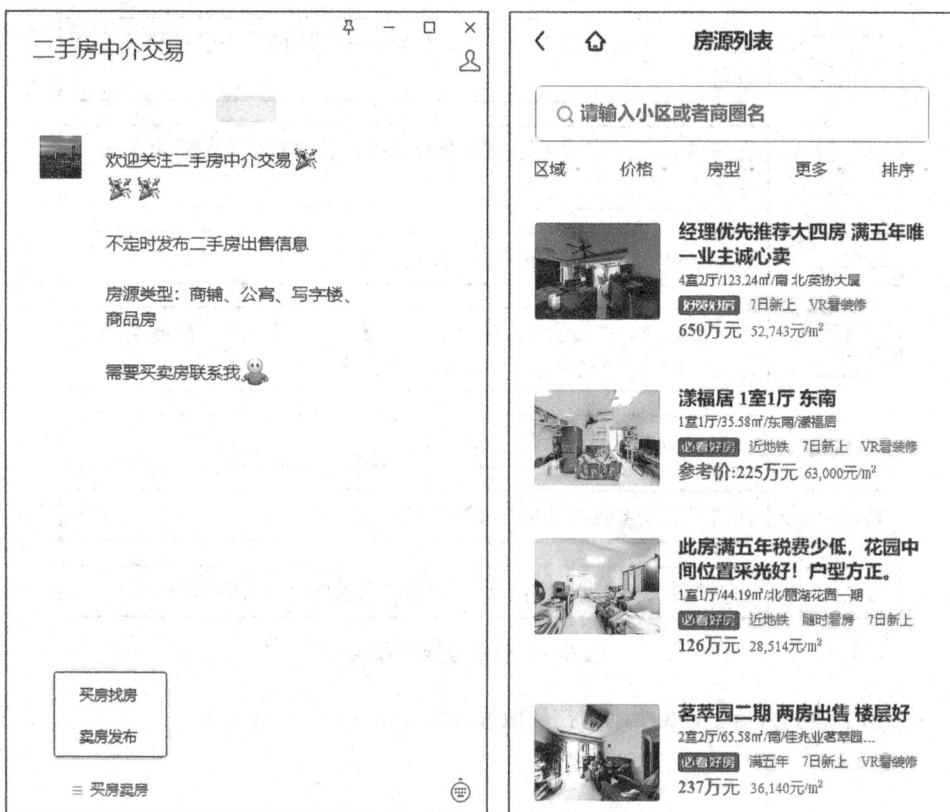

图 5-9　某房地产中介公司的微网站

2. 实时互动，及时沟通

经纪人可以在公众号上与客户直接互动交流，第一时间回答客户的提问，及时与客户、潜在客户沟通，并进行数据挖掘和分析。

3. 内容为王，增加曝光

经纪人可以通过公众号发布行业和店内动态，如优惠促销、房产知识、房市政策、天气情况等。图 5-10 为某房地产中介公司公众号的推送内容。

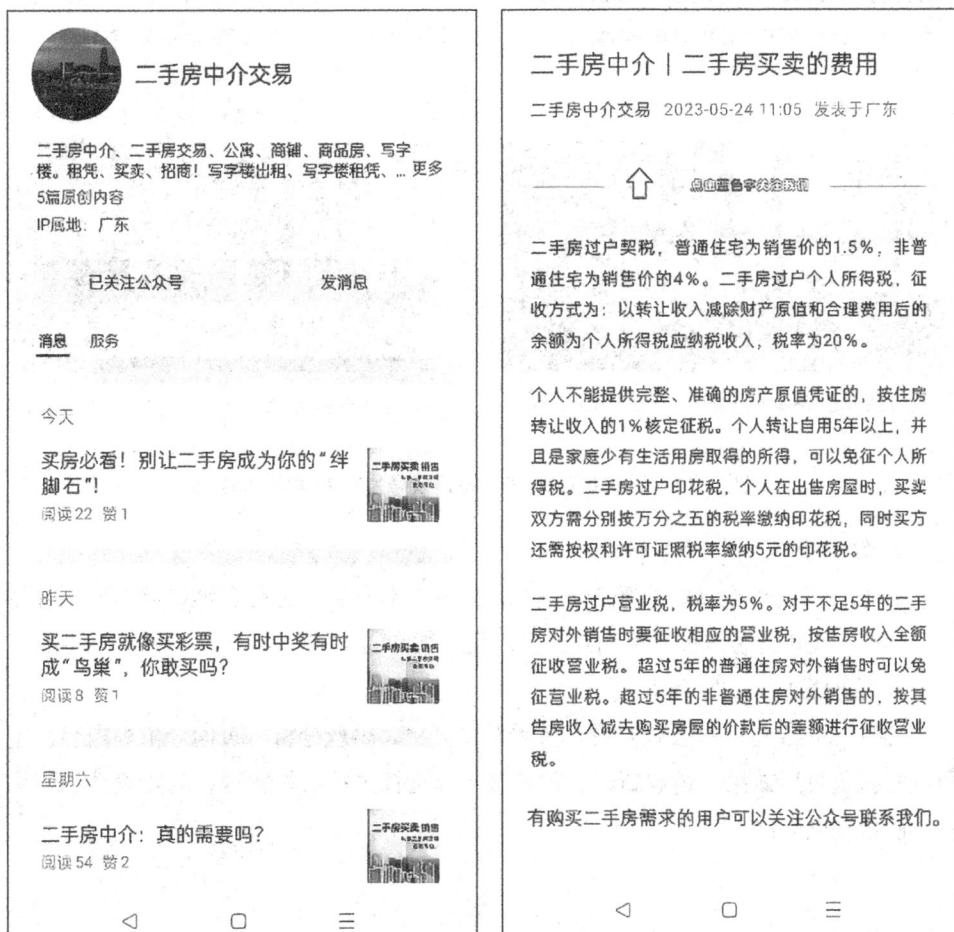

图 5-10　某房地产中介公司公众号的推送内容

4. 展示真实房源，为客户提供参考

经纪人要在公众号上展示真实房源，提升企业形象，提高潜在客户的信任度。图 5-11 为某房地产中介公司公众号发布的房源信息。

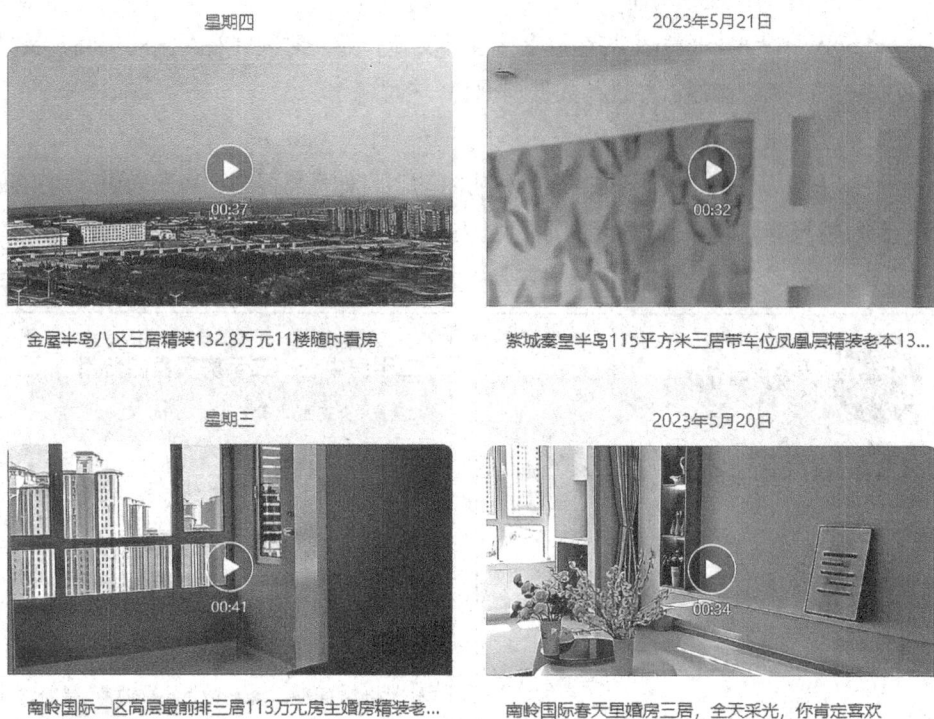

星期四　　　　　　　　　　　　　　　2023年5月21日

金屋半岛八区三居精装132.8万元11楼随时看房　　紫城秦皇半岛115平方米三居带车位凤凰层精装老本13...

星期三　　　　　　　　　　　　　　　2023年5月20日

南岭国际一区高层最前排三居113万元房主婚房精装老...　　南岭国际春天里婚房三居，全天采光，你肯定喜欢

图 5-11　某房地产中介公司公众号发布的房源信息

5. 分析数据，划分客户

经纪人要为提交预约的客户建立档案，并对客户档案进行管理，与客户实时互动。经纪人还可对客户进行精细划分，以便后续沟通。

6. 管理客户，实时互动

经纪人不仅可以在公众号后台查看营销分析、粉丝分析、页面分析等内容，还可以对报价推广效果、企业新闻、预约服务等指标进行监控管理，为阶段性的网络推广决策提供支持。

细节24：朋友圈推广

由于朋友圈里多是自己的亲人或朋友，因此经纪人可以在朋友圈分享一些房地产知识，而不是单纯地发广告。

（一）微信朋友圈推广攻略

一般情况下，经纪人可定期发布 3 ～ 5 个不同类型的房源，最好挑选一些有特色、有话题的房源，如最近大幅涨价或降价的房源、最近卖出的房源等。不同类型、不同位置、不同价格的房源可以大大扩充潜在客户群体。图 5-12 为某经纪人发布的朋友圈。

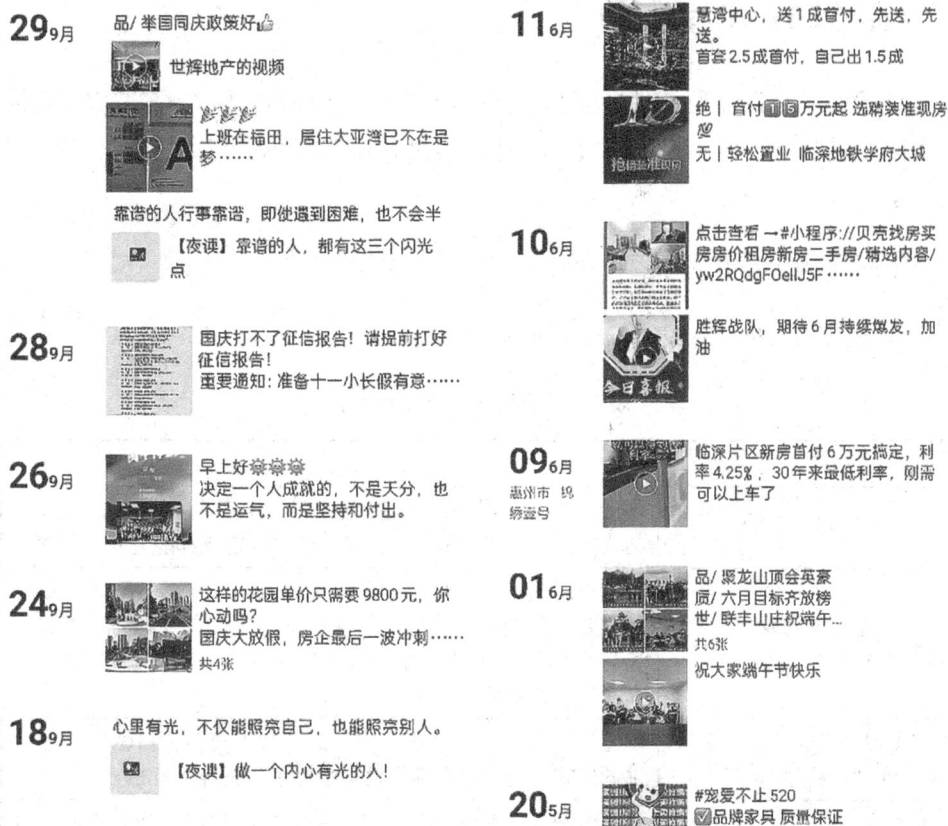

图 5-12　某经纪人发布的朋友圈

（二）朋友圈推广的注意事项

（1）分组发布。没有必要将房源信息发送到朋友圈的亲人、朋友分组中。

（2）不要天天在朋友圈里打广告，频繁刷屏只会让人生厌。

（3）多发能够帮助别人的内容，如买房时的注意事项、禁忌等。

例如，经纪人可以根据看房经验总结看房时如何检验房子有无漏水现象。

（4）发布一些轻松的话题。有空时可以聊家常，经营与客户的感情。

例如，发一张带看时拍摄的照片，照片上是自己与客户分享美食，这样家人看到自己的工作状态会更放心，客户看了也不会反感。

（5）尽可能用平实的语言发布信息，不要使用过于专业的语言，要让普通人也能看得懂。

细节25：小程序推广

小程序之所以能吸引人，不仅因为它自带流量，也因为它具备无须安装、随时可用的优势，这符合时下用户的使用习惯。小程序推广是经纪人做线上营销的工具之一。

（一）线上推广

小程序线上推广方式如表5-1所示。

表5-1　小程序线上推广方式

推广方式	说明
小程序+公众号	不管是关联小程序，还是在自定义菜单里设置链接，或者在文章中插入小程序链接，关注公众号的粉丝都能进入小程序
在朋友圈发布小程序二维码	用户可以通过小程序二维码重复访问小程序，二维码是小程序重要的访问入口。在小程序运营中应该充分利用二维码，如将小程序二维码分享到朋友圈，只要小程序的质量足够高，吸引到的都是精准用户
"发现"页的"搜一搜"和"小程序"栏目	可在"发现"页的"小程序"或"搜一搜"栏目做推广或关键词投放，使用户更容易触达小程序，获得更多的流量
社群引流	很多经纪人会加入与房产买卖有关的微信群（如客户群、购房群、置业交流群等），可以将小程序一键分享到这些群中，引导大家关注小程序，让更多的人了解并使用小程序，以后有了新房源就可以通过小程序发布，这样从推介房源、引导关注到实现转化就变得简单多了。如果能够引导他们把小程序添加为"我的小程序"，就更好了

（二）线下推广

小程序线下推广方式如表5-2所示。

表 5-2　小程序线下推广方式

推广方式	说明
门店扫码	房地产中介公司可以在门店显眼位置贴上小程序二维码，或者制作易拉宝，客户可以扫码找房、卖房
名片扫码	经纪人可以把小程序二维码直接印到名片上，在附近的学校、商圈、重要路口等地派发名片，让感兴趣的客户在拿到名片后可以直接扫码进入小程序
线下活动推广	推出适当的活动，吸引客户的关注，如在赠品上印刷品牌信息和小程序二维码，也可以单独策划线下活动进行推广，引导客户扫码

细节26：短视频推广

客户到处看房需要花费大量的时间，并且线下看房的选择面很窄，往往只能看几个楼盘。而通过观看短视频，客户完全可以先初步筛选出自己印象比较好的楼盘，再实地体验，这样效率会更高。

经纪人应该如何做好短视频推广呢？

（一）建立清晰的定位

要用短视频思维打造短视频内容，建立清晰的定位是短视频推广成功的第一步。定位就是要在粉丝的心中建立有别于其他账号的概念和认知。定位的策略主要有图 5-13 所示的几种。

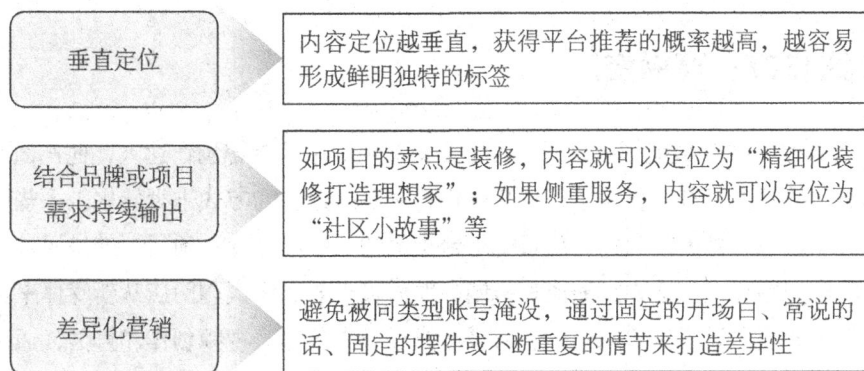

垂直定位	内容定位越垂直，获得平台推荐的概率越高，越容易形成鲜明独特的标签
结合品牌或项目需求持续输出	如项目的卖点是装修，内容就可以定位为"精细化装修打造理想家"；如果侧重服务，内容就可以定位为"社区小故事"等
差异化营销	避免被同类型账号淹没，通过固定的开场白、常说的话、固定的摆件或不断重复的情节来打造差异性

图 5-13　定位的策略

（二）账号"涨粉"

以抖音平台为例，经纪人可采取图 5-14 所示的技巧来实现快速"涨粉"。

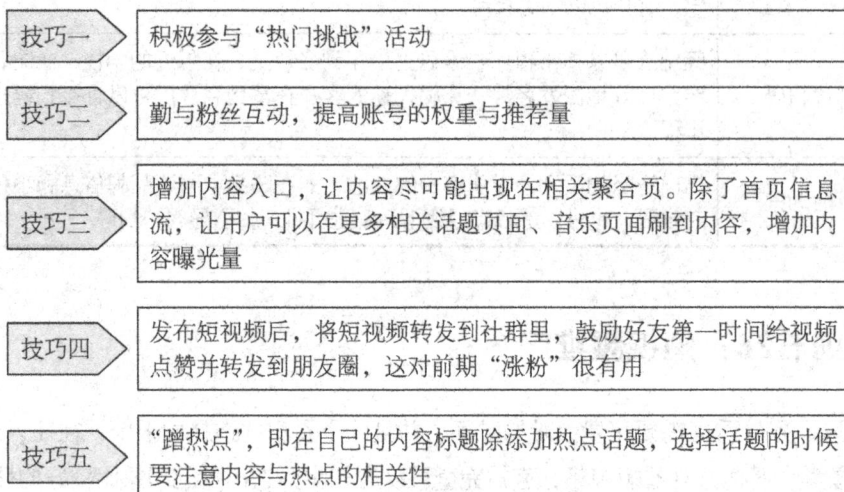

技巧一	积极参与"热门挑战"活动
技巧二	勤与粉丝互动，提高账号的权重与推荐量
技巧三	增加内容入口，让内容尽可能出现在相关聚合页。除了首页信息流，让用户可以在更多相关话题页面、音乐页面刷到内容，增加内容曝光量
技巧四	发布短视频后，将短视频转发到社群里，鼓励好友第一时间给视频点赞并转发到朋友圈，这对前期"涨粉"很有用
技巧五	"蹭热点"，即在自己的内容标题除添加热点话题，选择话题的时候要注意内容与热点的相关性

图 5-14　账号"涨粉"的技巧

（三）引流转化

（1）添加位置信息，引导用户点击。

（2）在短视频封面上添加标题、标签等内容，树立个人形象，形成风格独特的短视频封面。

（3）适当地将粉丝导入公众号等平台，通过自我介绍、链接等方式完成转化。

细节27：直播推广

近年来，各类短视频和直播平台上开始涌现房地产内容创作达人，他们通过短视频、直播等内容打造影响力，获取商机，然后以适当的方式进行转化。一些房地产服务平台也开始因势利导，如贝壳平台推出的"银河计划"项目，就是通过一套完整的短视频和直播达人赋能成长机制，助力贝壳的经纪人和门店从新媒体平台获取流量和商机。该项目启动后，越来越多的经纪人参与短视频创作和直播，通过相关平台提升自身影响力，服务更多的客户。

（一）直播推广的要素

直播推广的要素如图 5-15 所示。

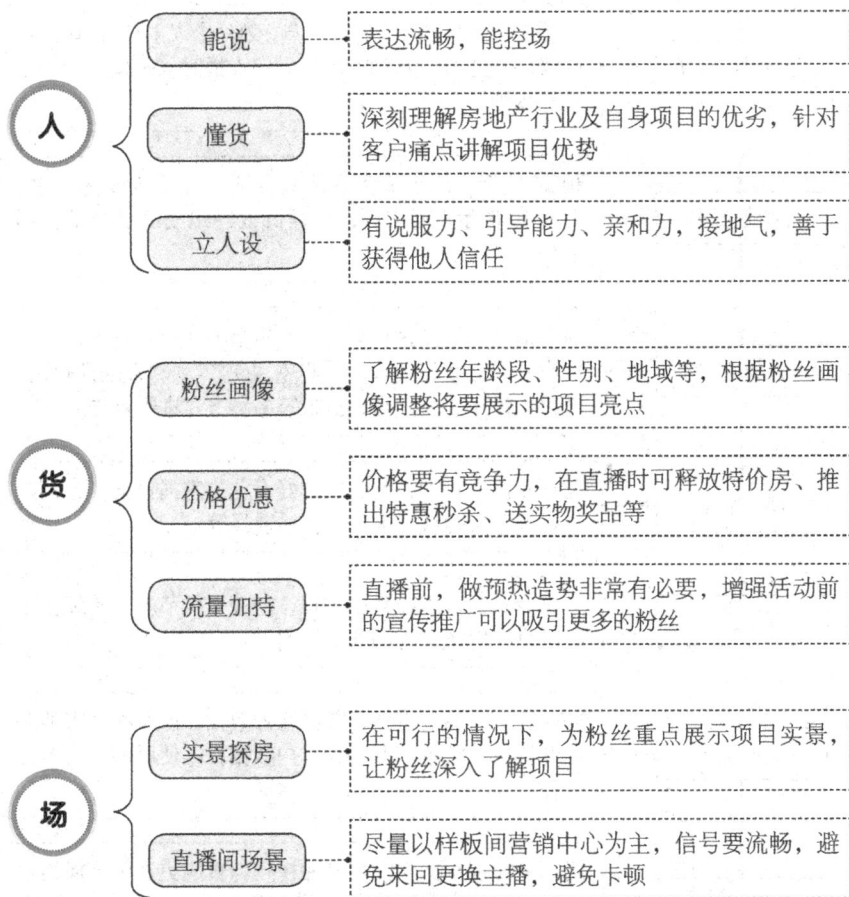

人
- 能说 —— 表达流畅，能控场
- 懂货 —— 深刻理解房地产行业及自身项目的优劣，针对客户痛点讲解项目优势
- 立人设 —— 有说服力、引导能力、亲和力，接地气，善于获得他人信任

货
- 粉丝画像 —— 了解粉丝年龄段、性别、地域等，根据粉丝画像调整将要展示的项目亮点
- 价格优惠 —— 价格要有竞争力，在直播时可释放特价房、推出特惠秒杀、送实物奖品等
- 流量加持 —— 直播前，做预热造势非常有必要，增强活动前的宣传推广可以吸引更多的粉丝

场
- 实景探房 —— 在可行的情况下，为粉丝重点展示项目实景，让粉丝深入了解项目
- 直播间场景 —— 尽量以样板间营销中心为主，信号要流畅，避免来回更换主播，避免卡顿

图 5-15　直播推广的要素

（二）直播的流程

直播的流程如图 5-16 所示。

直播策划	设计直播主题及方案，打造别具一格的直播主题，配合直播内容及形式邀请相关人士，保证直播内容不单调，以吸引更多的粉丝
直播脚本准备	直播前准备好脚本，明确重点，划分个人主动讲解时段、回答问题时段、互动时段，确定直播时与粉丝互动的方式与规则
主播选择	根据直播形式与基调挑选最合适的经纪人作为主播，并对其进行前期培训，根据每位经纪人的特质做直播安排
系统宣传	对直播暖场活动进行宣传，在直播前 3 天针对不同端口输出不同方案、视频等。避免"硬广"，尽量软性输出。通过小程序、公众号、海报等多种方式进行宣传
播前准备	聘请专业化妆师，提前安排好专业的直播设备，布置好直播场景及路线，准备好直播道具等
直播进行	安排专人实时监控直播进程，把控直播节奏，持续在留言区烘托气氛，带动直播氛围
数据融合	整合、汇总通过直播获取的客户数据，以及配合直播期间开展的各类推广的后台客户数据，以便后期开展追踪工作
视频剪辑	聘请专业视频剪辑师将直播视频剪辑成更利于传播的短视频，在扩大直播效应的同时持续宣传
后期复盘	根据直播效果及直播排期，对此次直播进行复盘后持续跟进后续直播计划，维持传播热度，培养用户习惯

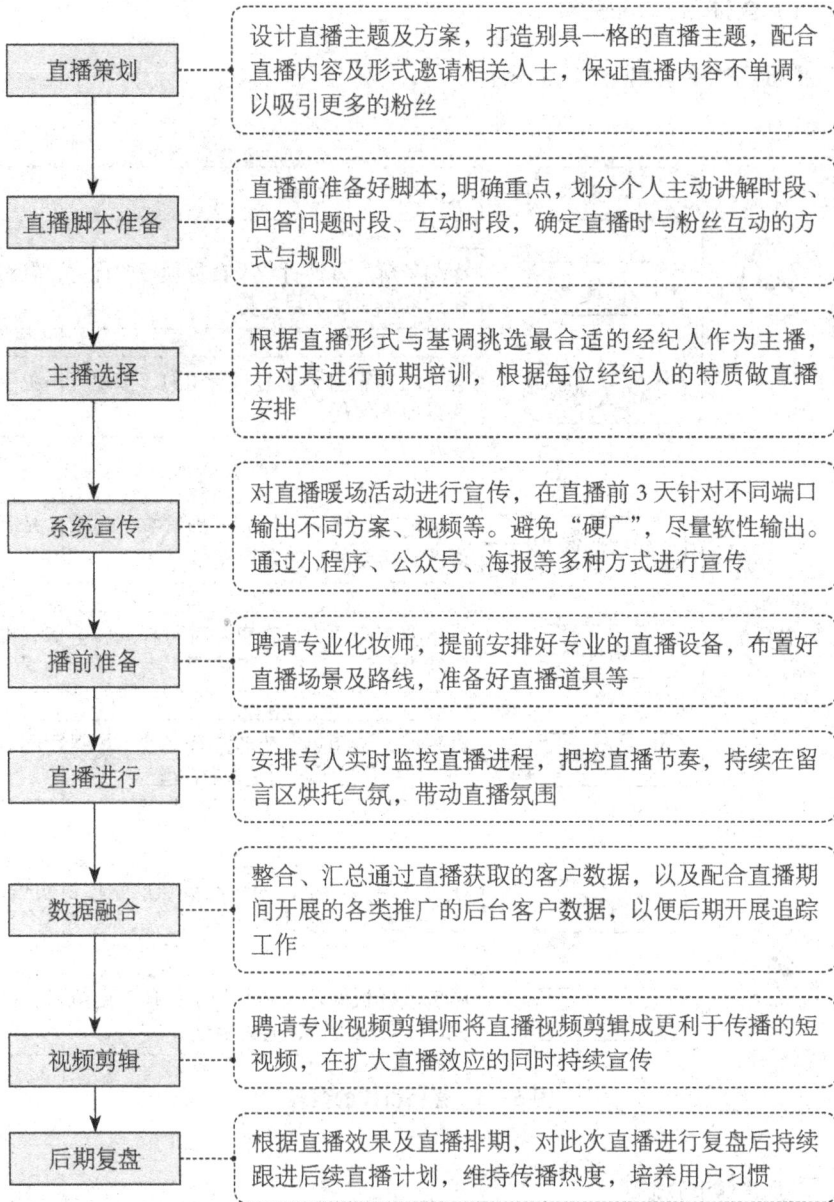

图 5-16　直播的流程

（三）直播前的准备

1. 直播视角

不推荐使用第一视角进行直播；第二视角因主播看不清自己的面部表情，效果也不一定最佳。如果是坐着直播，最好以固定机位自拍的形式进行； 如果是移动直播，建议请专业摄影师拍摄； 同时一定要注意防抖，尽量使用稳定器。

2. 直播设备及人员配置

直播设备包括手机、直播架、展示物料及展板，直播人员配置 2 ～ 3 名。

直播具有不可逆性，所以直播过程涉及的环节要提前彩排，以保证说辞、动线、植入内容、互动安排的合理性，同时要做好应对意外情况的预案。

（四）直播应注意的事项

（1）适当使用美颜、滤镜效果，将拍摄角度调整至最佳，女主播可以简单化妆，男主播可着正装。

（2）在直播过程中，主播不可喋喋不休，要像与观众对话一样说话。如果主播控场能力不足，可选择搭档配合。

（3）切勿静止不动，多准备一些故事、笑话以应对冷场。

（4）随时关注留言区，多与观众互动。

（五）直播过程中如何导流

直播过程中的导流策略如表 5-3 所示。

表 5-3　直播过程中的导流策略

导流策略	说明
多分享	在直播过程中，策划人员可以将直播间链接分享到微信群；同时，主播要不断提醒观众分享直播链接可得小礼品
同城导流	将业主、老客户、意向客户拉入直播群，与其进行现场互动，例如，抖音、快手等平台都有"同城"频道，可对直播所在区域的用户进行导流

（六）直播后的二次传播

直播后的二次传播策略如表 5-4 所示。

表 5-4 直播后的二次传播策略

二次传播策略	说明
播后营销，增强客户黏性	（1）直播结束后，在第一时间梳理客户。给客户发私信，快速进行第一遍梳理，筛选出积极回应的粉丝，对其表示感谢；对于有疑虑的客户，快速回复其问题，有针对性地询问其需求；对于有意向的客户，与其深入沟通，并准备奖品 （2）通过微信维护业主及老客户，请求其支持下次直播
推广内容要跟上	统计在线观看总人数、点赞数、咨询量等数据；或者将互动期间的趣味互动和话题制作成短视频，引发业内传播学习，同时加大优惠力度的宣传，带动线上传播
为二次营销制造话题	若直播效果比较显著，新增粉丝量较多，须尽量保持热度，策划推出后续直播内容，保持粉丝较高的关注度
传播成交案例	若有意向客户、老客户在直播中因临门一脚的促销优惠而成交，就可以放大直播效果，引发病毒式传播

环节 6　客户开发

房源很重要，客户也同样重要，有了客户才能源源不断地消化房源。积累客户并非一日之功，经纪人要在与各类客户接触、沟通的过程中慢慢地积累客户。

客户开发方法主要有图 6-1 所示的几种。

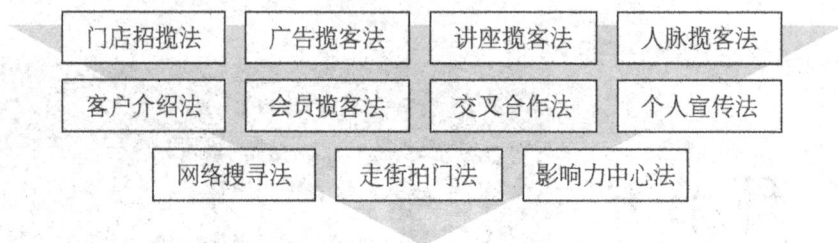

门店招揽法	广告揽客法	讲座揽客法	人脉揽客法
客户介绍法	会员揽客法	交叉合作法	个人宣传法
网络搜寻法	走街拍门法	影响力中心法

图 6-1 客户开发方法

细节28：门店招揽法

在店铺门口张贴宣传单，等待有需求的客户主动上门，这是房地产中介门店经常使用的方法。这种方法简单易行、成本低，而且上门客户通常购房意愿较强、需求明确。

门店招揽法不仅需要门店具有较高的知名度和丰富的房源，而且需要房地产经纪人积极、热情地做好接待工作。只有让上门的客户感到满意，他们才可能成为真正的客户。

细节29：广告揽客法

广告揽客法就是利用广告吸引客户。相比于其他方法，广告揽客法时效性强、效果好，但成本相对较高。房地产中介公司和经纪人要探索适合当地市场、有效的广告形式，以提升广告效果。

房地产中介公司也可以将部分房源信息制作成广告贴纸，在上面注明房源的详细情况与经纪人的联系方式，然后贴在小区的广告栏里，这也是开发客户的一种方法。

细节30：讲座揽客法

讲座揽客法是指通过向社会团体或特定人群举办讲座来开发客户的方法。这种方法尤其适用于开发某个小区的客户。讲座不仅可以增强客户对经纪人的信任，还能向客户传播房地产知识和信息，帮助客户解决在交易过程中可能遇到的问题。

使用讲座揽客法时，组织准备工作尤为关键，主题、时间、场地和邀请方式及主讲人的演讲技巧会影响其效果。讲座的内容既可以是房地产知识、房地产市场分析或房地产投资分析，也可以是房地产交易流程、产权证办理问题等。

在举办讲座时，经纪人可以借机发放介绍关于自己、门店或服务的资料，获得与潜在客户直接接触的机会。

细节31：人际资源揽客法

人际资源揽客法是指经纪人以自己的亲朋好友为基础形成人际关系网络，让他们为自己介绍客户。人际资源揽客法不受时间、场地的限制，所有经纪人都可以使用这种方法。

经纪人认识的所有人都是经纪人的资源，他们中也许有人需要买房，也许有人知道谁要买房，也许认识可能或即将成为经纪人的客户的人，经纪人完全可以利用这些资源去发掘潜在客户。经纪人要懂得如何利用现有资源和自身优势，让亲戚、朋友、同学都知道自己从事的行业，朋友的朋友、亲戚的亲戚都有可能成为潜在客户。相比于陌生人的推荐，亲朋好友的推荐可信度更高。

> 房地产中介公司要着力培养经纪人的交际能力，帮助他们不断地拓展自己的交际网络，以帮助他们更高效地达成交易。

小提示

细节32：客户介绍法

客户介绍法即"客带客"，就是通过客户之间的相互介绍来寻找更多的新客户。客户介绍法是一种非常有效的开拓新客户的方法，成本低、见效快。

要想让老客户介绍新客户，关键是要取得老客户的信任，因为老客户与被介绍者往往有一定的社会关系和利害关系。经纪人必须树立真诚为客户服务的意识，急客户之所急，想客户之所想，千万不可故意欺骗客户。当客户对经纪人的服务满意时，就愿意为经纪人介绍新客户；反之，客户会在亲朋好友想在经纪人处购买房子时加以劝阻。

细节33：会员揽客法

会员揽客法是指通过成立客户俱乐部的方式吸收会员并挖掘潜在客户的方法。

大部分房地产中介门公司和经纪人因为成立客户俱乐部的难度较高而较少使用这种方法。但是，对一些实力雄厚的房地产经纪机构来说，会员揽客法不失为一种开拓客户的好方法。

细节34：交叉合作法

经纪人每天都要与各种各样的人打交道，他们拥有一张庞大的人际关系网，这是很有用的资源。假设你是某个行业、某家企业或某种产品的销售人员，你同时也是其他行业、其他企业或其他产品的销售人员的客户。经纪人可以与身边的销售人员探讨合作机会，请求他们在合适的场合推荐自己的服务。当然，经纪人也要为对方提供同样的服务作为回报。不同行业的销售人员不存在业务上的竞争，能够很好地互补。除此之外，销售人员人之间还可以互相学习销售经验与技巧，提升各自的能力。

细节35：个人宣传法

房地产行业经常打广告，各种房地产广告遍布大街小巷，但是经纪人的个人广告却很少。经纪人可以巧妙地运用个人广告来宣传自己。

比如，制作一些精美的卡片，在节假日时把卡片邮寄给那些准备购房的客户，这样既能给他们一个惊喜，又能很好地宣传自己。

细节36：网络搜寻法

网络搜寻法就是经纪人可以在网上搜寻客户，因为有很多客户会通过网络发布自己的买房需求。

（1）通过相关的专业平台搜寻发布需求信息的客户，如搜房网、58同城、赶集网等。

（2）通过小区的业主论坛（社群）搜寻客户。有些客户会直接在小区的业主论坛（社群）中发布自己的需求。

细节37：走街法

有一种推销方法叫上门推销，其主要表现形式是走街，经纪人在开发客户时也可以使用这种方法。

（一）走街

走街即经纪人走街串巷、挨家挨户地开发客户。

1. 前期准备

（1）确定走街方向：公共场所、大型开放住宅区等。

（2）确定目标对象：以中青年为主。

2. 注意事项

（1）找人多的地方。

（2）不要打扰全心投入工作的人。

（3）主动跟客户打招呼，并注意对方的眼神。

（4）出击时找好"诱因"。

（5）跟着客户边走边介绍，在客户感兴趣处及时停顿。

（6）为客户提供相关资料。

（7）与客户互加微信好友，或者向客户要电话号码。

（8）记住客户的外貌特征与姓名。

（9）笑脸应对拒绝，及时回避不礼貌的人。

（二）走街过程中容易犯的错误

经纪人在走街时容易犯以下错误。

（1）集中在个别地点，如某大商场门口或路口。

（2）"抓流动客户"变成"守流动客户"，固定在一个点不动。

（3）只发宣传单而不敢与客户交谈；乱发宣传单，只顾数量、不顾质量。

（4）不敢一对一与客户交谈，几个人共谈一位客户。

（5）不跟进、不回访。

（6）走过场。

（7）要客户电话号码、微信号的迫切程度不够。

（8）推动客户去看房的积极性不足。

细节38：影响力中心法

影响力中心法又称人物带动法。任何一个小集体都有一位核心人物，这个人可以影响这个小集体中的大部分人。经纪人要想让某些人成为自己的客户，必须将他们所处小集体中的核心人物作为攻坚的主要对象，使其了解房地产市场行情，为其提供专业服务，使其从排斥自己转向理解自己直至接纳自己。

环节 7　客户分析

经纪人要了解不同类型的客户，把握不同类型客户的心理，分析他们的购房需求，针对不同的客户采用不同的推销手段。经纪人可从图 7-1 所示的几个方面对客户进行分析。

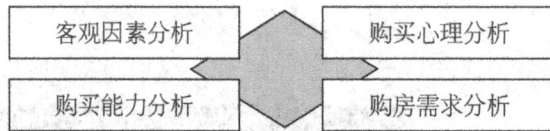

图 7-1　客户分析

细节39：客观因素分析

经纪人在分析客观因素之前要对客户进行分类。客户分类有多种方式，如图 7-2 所示。

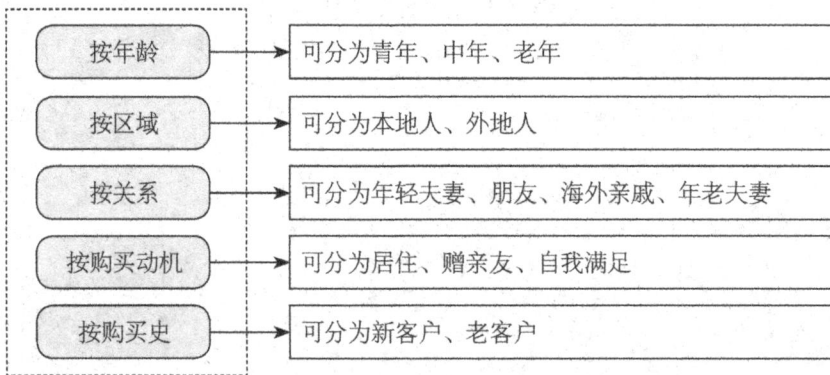

按年龄	可分为青年、中年、老年
按区域	可分为本地人、外地人
按关系	可分为年轻夫妻、朋友、海外亲戚、年老夫妻
按购买动机	可分为居住、赠亲友、自我满足
按购买史	可分为新客户、老客户

图 7-2　客户的分类方式

对客户进行分类之后，还要分析各类客户的客观因素，这有助于经纪人针对不同的客户采用不同的推销手段，从而达成交易。需要分析的客户客观因素如图 7-3 所示。

1	家庭结构	→	家庭结构在很大程度上决定了客户是否需要买房、需要买多大面积的房子
2	决定权	→	决定权在谁手上，就重点做谁的工作，把这个人的工作做好了，交易就能更快地达成
3	经济状况	→	经济状况决定了客户购房的档次
4	喜好	→	客户的喜好决定了客户所买房子的类型。如果客户好静，应为其推荐远离闹市、环境较好的房子

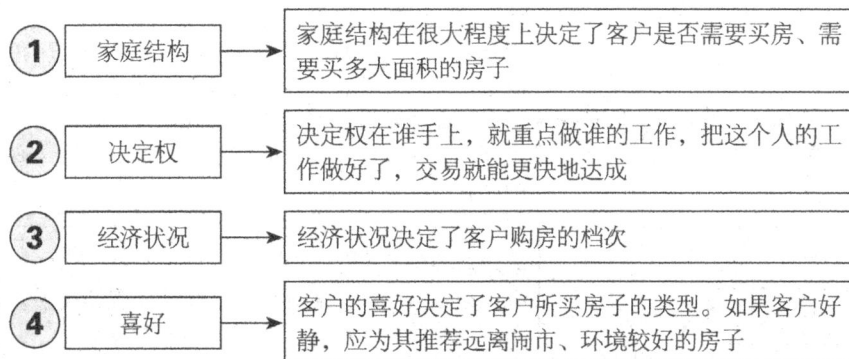

图 7-3　客户客观因素分析

细节40：购买能力分析

经纪人刚开始接触客户时，必须确定其是否有购买意愿和购买能力。经纪人可通过图 7-4 所示的三个途径对客户购买能力进行分析。

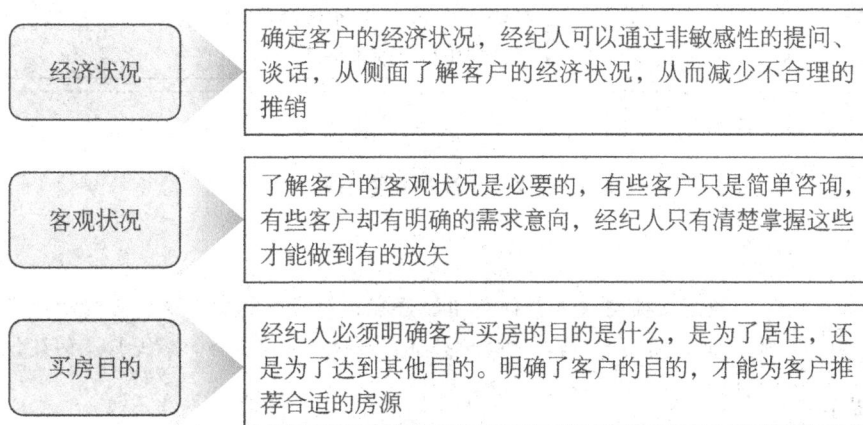

经济状况	确定客户的经济状况，经纪人可以通过非敏感性的提问、谈话，从侧面了解客户的经济状况，从而减少不合理的推销
客观状况	了解客户的客观状况是必要的，有些客户只是简单咨询，有些客户却有明确的需求意向，经纪人只有清楚掌握这些才能做到有的放矢
买房目的	经纪人必须明确客户买房的目的是什么，是为了居住，还是为了达到其他目的。明确了客户的目的，才能为客户推荐合适的房源

图 7-4　客户购买能力分析

细节41：购买心理分析

客户在看房选房时往往都会经历图 7-5 所示的四个心理阶段。

排斥期	①	刚开始接触，客户对经纪人可能有一定的排斥和戒备心理，往往会对经纪人推荐的楼盘和房子挑毛病。在此阶段，经纪人应争取使客户对自己产生好感，探询客户的真实需求，为客户推荐合适的楼盘和户型
兴奋期	②	客户对经纪人产生了基本的信任与好感，对楼盘有了较深入的认识和体验，产生了兴趣和购买意向。在此阶段，经纪人应带领客户参观现场，引导客户体验并适时推销
犹豫期	③	客户与经纪人之间的相互了解加深，客户进入实质性权衡比较阶段，趋于理智，对楼盘和房子的某些方面产生担忧和疑虑，可能犹豫不决。在此阶段，经纪人应引导客户说出真正的疑虑，并及时、彻底地消除客户的担忧
极度兴奋期	④	客户的担忧或疑虑得到及时有效的消除后，其对楼盘与房子的好感进一步增强，产生了一定的压力和紧迫感，急于得到理想的房子。在此阶段，经纪人应重复主推房源的卖点，强调利益与价值，利用优惠政策促成交易

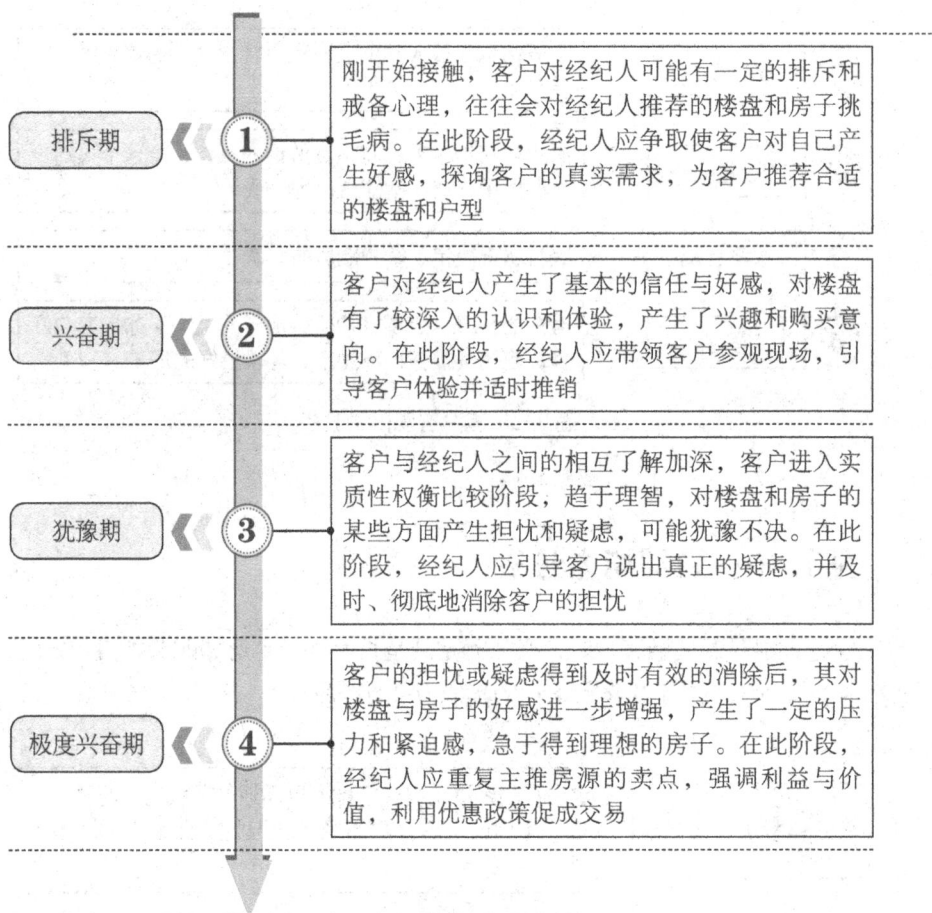

图 7-5　客户购买心理

> 经纪人要通过客户的情绪、语言、行为上的微妙变化来判断他们所处的心理阶段。当客户处于兴奋期或极度兴奋期时，就是成交的最佳时机。
>
> **小提示**

细节42：购房需求分析

在人生的不同阶段，人们的生活状态会有所不同，对房屋的需求也有区别。经纪人要深入分析不同客户的需求，从而采用更有针对性的销售策略。

（一）单身人群

单身人群的年龄多数在 25 ~ 35 岁，追求个性化、讲求品牌，容易进行感性消费。相对来说，单身人群购房不会一次到位，以便随着收入的增长、工作岗位的变化及今后生活的变化，适时地调换住房。单身人群购房需求分析如表 7-1 所示。

表 7-1　单身人群购房需求分析

事项	说明
交通	单身人群通常处于创业初期或工作起始阶段，早出晚归，公交车与地铁是其主要交通工具。因此，他们选择的小区周边要有便利的交通条件，他们不愿把过多的时间花在上下班的路上，以免影响工作和休息
居家安全	单身人群的大部分时间都用于工作，很少在家里。因此，单身人群多选择物业管理较好或较成熟的小区居住，很少选择独栋、无物业管理、无安保的小区
环境配套	单身人群往往生活节奏很快，因此小区周边最好有完善的生活服务设施，如运动设施、商业设施、餐饮设施等
付款方式	单身人群的发展空间较大，眼光较长远，偏好总价低、不需要一次性付款的小户型，还款方式大多选择等额本息，这样每月的还款压力小，可以把多余的资金用于投资和创业

（二）新婚人群

成家立业是大部分人都会经历的人生阶段，新婚人群购房需求具有一定的特点。新婚人群购房需求分析如表 7-2 所示。

表 7-2　新婚人群购房需求分析

事项	说明
面积	结婚后可能会出现父母同住、孩子出生等情况，而新婚人群的经济状况往往不是很宽裕，因此，新婚人群更喜欢购买紧凑、房间多的小户型
交通	新婚人群多选择交通便利的地方，以便夫妻上班、孩子上学、老人出行等。若是在郊区，最好有地铁或公交线路较多
环境配套	生活便利是新婚人群考虑的首要因素，因此小区与超市、菜市场、药房、医院、幼儿园、学校等的距离要合理，一般以100米左右为宜

（续表）

事项	说明
居家安全	小区要有成熟的物业管理，房子的布局设计和装修布置要能保证老人和孩子的生活便利和安全
采光格局	新婚人群因有大量的家居摆设，因此多会选择格局方正、采光通风好的房子。另外，由于社会交往较多，其对客厅和厨房的要求也相对较高
付款方式	新婚人群开销较多、经济压力较大，因此付款方式多选择按揭贷款，以便留出生活各方面所需费用，不让还款压力太大

（三）改善居住条件人群

改善居住条件人群是指有一定的经济基础、希望改善居住条件的购房者。改善居住条件人群购房需求分析如表 7-3 所示。

表 7-3　改善居住条件人群购房需求分析

事项	说明
面积	如果是因为以前的房子面积、格局不理想而换房，这次购房就会重点考虑房子的户型、楼层、朝向、采光，以及客厅、餐厅、厨房、卫生间等的面积和格局，尽量达到预期
地段	如果是因为以前的房子地段不理想而换房，这次购房就会根据购房预算选择合适的区域和板块，好的地段不仅可以提升居住的便利性，还可以提升房子的保值、升值潜力
交通	如果是因为交通不理想而换房，这次购房就会更多地考虑交通因素，如地铁、公交、渡口等；如果属于有车族，就会着重考虑车位的问题及车辆进出的便捷性
环境	改善居住条件人群青睐纯住宅小区，不会选择商住混合的小区，还会着重考虑物业管理和周边配套，如超市、银行、医院、学校等配套是否齐全

（四）提高居住品位人群

提高居住品位是很多人所追求的目标。对这部分人群来说，房子并非单纯的居住场所。提高居住品位人群购房需求分析如表 7-4 所示。

表 7-4　提高居住品位人群购房需求分析

事项	说明
户型	（1）房间应宽敞、明亮；除了普通住宅的必备功能区外，还应包括保姆房、会客厅等 （2）客厅的面积要大，便于装修布置；厨房的布局和配置也很重要
地段	最好在繁华的中心区，除了体现价值及方便出行，还能保证房屋的保值和升值潜力
交通	车位的问题及车辆进出的便捷性都很重要
物业	（1）物业管理是决定业主能否享受高品位生活的关键因素之一。好的物业管理应规范、有序，以业主的利益至上 （2）配套设施应包括会所、游泳池、健身房等 （3）宽敞明亮的大堂是最能体现物业品位的设施之一
环境	（1）周边有良好的金融、商业、休闲、教育等配套设施 （2）小区居民的整体素质也是需要考虑的因素 （3）景观是衡量一个小区生活品位的重要因素之一

环节 8　客户接待

客户接待是开发客源最基本的途径之一。接待工作做得出色，很有可能直接促成交易，但很多经纪人没有认识到客户接待的重要性，白白错失了成交机会。客户接待要点如图 8-1 所示。

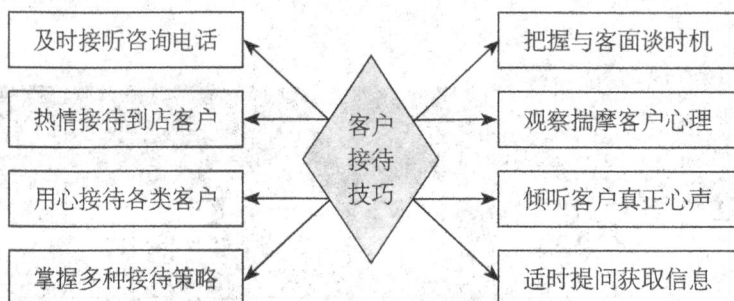

图 8-1　客户接待要点

细节43：及时接听咨询电话

很多客户会先通过电话咨询经纪人相关事宜，再决定是否到店。因此，对于客户的咨询电话，经纪人应及时接听。

（一）接听电话的要领

接听电话是一门艺术，只有掌握一定的要领，才能做到有条不紊、忙而不乱。接听电话的要领如表 8-1 所示。

表 8-1　接听电话的要领

要领	说明
接听电话要及时	如果电话响了许久才漫不经心地接听，客户会认为这家公司办事效率太低，因此一定要在电话铃响 3 声之内接听
明确说出公司名称	接听电话时必须说："您好，××公司，请问有什么可以帮您的吗？"如果只是不礼貌地说一声"喂"，客户很有可能会重新考虑是否继续咨询，因为他会觉得接电话的人不够专业

（续表）

要领	说明
了解房源的基本情况	在接听电话前，必须把房子的基本情况（楼层、朝向、面积、入住时间等）记清楚，以便回答客户的问题
遇到问题及时向资深同事或了解该房源的同事求助	如果刚入行，对有些情况不了解，必要时可向资深同事或了解该房源的同事求助，但不能让客户等着，可以用闲聊的方式稳住客户，然后用手势告诉同事自己需要帮忙
先了解需求再进行推荐	有的客户没有在电话中指定想了解哪些房源，并不是说他没有中意的房源，而是在考察经纪人的推荐能力。在这种情况下，经纪人不可以不经思考胡乱推荐，必须先询问其要求，然后根据其要求进行推荐
防止同行假装买家探听情况	同行假装买家探听情况的事情早已屡见不鲜。记住一个原则，同行想探听的情况也就是你应该探听的情况。如果在电话中遇到同行，应灵活应变
尽可能记住客户的声音	熟记客户的声音，在对方下次来电时直接说出其姓名，客户会认为经纪人非常关心他，从而更乐意向经纪人咨询
接听重要电话必须事先演练	对于重要电话，事先演练是非常必要的，可以请同事扮演客户提出问题，以缓解心里的紧张感
把握重点，以免通话时间太长	接听电话时要把握核心、切中要害，节约双方的时间。有时候为了拉近距离，可以适当闲聊，但一定要注意尺度，更不可舍本逐末
引导客户前来面谈	即将结束通话时，要记得请客户前来面谈。要清楚地告知客户会面的详细地址，最好能说出具体的交通路线，并且告诉他自己将提前等候
及时填写来电登记表	挂断电话后应及时填写来电登记表，记录该客户的信息，为销售分析及后续跟踪做好准备，并对重点问题进行妥善处理或上报

（二）接听电话时要明确客户关注的焦点

在接听咨询电话时，经纪人要明确客户关注的焦点是什么，并做好相应的准备，以保证应对咨询时胸有成竹。通常，客户在电话里会咨询地段、户型、价格、相关政策等方面的问题。

1. 地段

客户在决定是否购买的时候，考虑的第一要素往往是地段。因此，在发布任何一条房源信息时，经纪人必须了解该房源所处的地理位置，不能只是简单地知道它位于哪个小区、哪个位置，而应该对该地段的地理特征了如指掌，甚至对该地段附近有什么设施、有什么显著建筑物、有哪几条公交线路都了解清楚。

回答关于房源地理位置的问题时应运用适当的技巧。即使是相同的地理位置，采用不同的解说方式也会产生不同的结果。

比如，对于某些地段，如果只是简单地说出区位，客户可能会说"太远了""太偏了"；而如果告诉客户"距离××商业中心只有5分钟车程""那里的公交线路有10多条，很多公交车都经过那里"，客户对该地段的认识就会更加深刻。

2. 户型

地段涉及客户对生活大环境的选择，户型则涉及客户对居家小环境的选择。不同的客户有不同的需求，有的客户由于经济能力等原因而选择小户型，有的客户由于家庭人口等原因而选择大户型。经纪人不仅要清楚房源户型，还要掌握各种户型的相关知识，并能准确地说出它们的特点，尤其是一些特殊的、新出现的户型，如复式、跃层等。

3. 价格

价格是买卖双方都关注的焦点。所有人都希望买到物超所值的东西，没有人愿意在买卖中吃亏。

在回答有关价格的问题时，经纪人可以运用一些简单而有效的技巧，因为客户通常会对最先接收到的信息做出直觉反应。

比如，对于单价高的小户型，可以先报总价再报单价；对于单价低的大户型，可以先报单价再报总价。这样，客户对价格的抗拒心理就会减弱很多。

4. 相关政策

政府一直在通过政策引导房地产行业健康发展。一旦有新政策出台，经纪人接到的电话就会比平日多很多。

比如，政策规定二手房交易未满2年的再次上市交易就要征收5%的增值税，这项政策与普通百姓密切相关，很多人在决定买卖二手房时会先咨询一下经纪人到底是怎么回事，搞清楚什么情况下该交增值税、税率是多少、该如何计算等。

小提示　经纪人不要为接听这些电话而感到厌烦，相反，要觉得这是自己的荣幸，因为客户把经纪人当作专家，否则他们就会找别人咨询了。既然是专家，就要对这个行业了如指掌，必须熟知相关的政策法规，并能熟练地帮助客户解决问题。

话术参考

让客户留下电话号码的话术

"×先生，您不知道，这套房子是我们的主推房源，全公司的经纪人都在带客户等着看房呢，只要我这边确定好看房时间，就第一时间通知您，您的电话号码是……"

"×先生，买房子是大事，您不知道，上次我有一位客户想看房，结果他只给了我一个座机号码，第二天有一套好房子就是他喜欢的，我却联系不上他，最后那位客户知道房子被卖了之后很懊恼。现在这市场说不准哪天就会出来一套好房子，我看您还是给我留个手机号码或咱们互加微信好友吧。"

"业主在外地出差，过几天他一回来我就通知您看房，您的电话号码是……"

"现在正有客户跟业主谈，我这就问问他们谈得怎么样了，然后给您回话，您的电话号码是……"

"×先生，您放心，我们都是一对一服务的，绝对不会出现私自泄露客户信息的情况，麻烦您留个电话号码，以便联系。"

细节44：热情接待到店客户

当客户来到门店时，经纪人要热情迎接，给客户留下良好的第一印象。

（一）招呼客户入店

客户来到店门口时，经纪人要招呼客户入店。招呼客户入店的规范如表 8-2 所示。

表 8-2　招呼客户入店的规范

服务项目	服务目标	服务语言	服务表现	忌讳
客户入店时，主动与客户打招呼	使客户感到被重视	（1）早上好 （2）请问有什么可以帮您	（1）眼神接触 （2）点头微笑 （3）立即放下手头工作，有礼貌地起身	埋头工作，不理客户

（续表）

服务项目	服务目标	服务语言	服务表现	忌讳
若客户站在门外观看房源信息，应主动上前打招呼	提供超越客户期望的服务	您好！请问您想买房吗？让我介绍一下好吗	（1）稳步走出门口 （2）用询问的语气 （3）态度诚恳，留意客户的反应 （4）目光友善，面带微笑	视而不见，忽视客户
主动邀请客户进店	与客户建立长远关系	请进来参观，让我介绍一下我们的房源	以邀请手势请客户进店，主动替客户开门	客户说"不"，便马上流露出不悦的神色或自行离开
如遇熟客，要先接待		× 先生，今天休息吗？考虑得如何了？有什么可以帮您的呢	（1）以关心的口吻说话 （2）微笑 （3）语气温和	露出机械的笑容，过分热情

（二）按规范接待客户

客户入店后，经纪人必须立即接待客户。接待客户的服务规范如表 8-3 所示。

表 8-3　接待客户的服务规范

服务项目	服务目标	服务语言	服务态度	忌讳
客户到访时，主动打招呼	使客户感到被重视	（1）早上好 （2）您好！请问有什么可以帮您的吗	眼神接触	埋头工作，不理客户
如遇熟客，以前接待的经纪人应主动接待	与客户建立长远关系	× 先生，决定买哪套房子了吗	（1）点头微笑 （2）立即放下手头工作，有礼貌地起身	露出机械的笑容，过分热情
主动邀请客户坐下，自我介绍并询问客户姓名	让客户有受到重视的感觉，使之安心了解房源	您想看什么房子？您先坐，我帮您找找	话语清晰，语气温和	视而不见，态度轻浮

（续表）

服务项目	服务目标	服务语言	服务态度	忌讳
要求客户登记	方便跟进	我姓×，这是我的名片，请问您怎么称呼	（1）有礼貌地邀请 （2）双手持名片，正面朝向客户送上	（1）用命令的语气 （2）倒转名片或单手送上
留意客户是否有人陪同，主动提供茶水	为客户提供细致的服务	您好，请坐！请先喝杯水	态度友善，眼神接触	只招呼客户，不理会其身旁的亲友

（三）介绍重点项目

接待客户之后，经纪人应向客户介绍重点项目，相关要求与注意事项如表 8-4 所示。

表 8-4　介绍重点项目的要求与注意事项

服务项目	服务目标	服务语言	服务态度	忌讳
主动提供资料，介绍房源	（1）提供专业知识 （2）视客户动机推荐房源	这套房子在××区域，那是未来的市中心	用专业的口吻，态度诚恳	心不在焉，转手中的笔，过多地运用术语
为客户分析不同的房源	进一步有针对性地进行推介	现在××售价大概为××万元，一些多层项目的售价为××万元	逐一发问，用询问的语气	过于主观，坚持己见
判断客户的购买动机，介绍合适的房源		您是自用还是投资呢	以朋友的身份发问、沟通	向四周张望，插话，不耐烦
利用资料、模型等进行生动的介绍	帮助客户理解	是啊，这附近有很多娱乐及购物场所，如××	点头、微笑，主动回应客户	—

😃 **话术参考**

接待到店客户的话术

1. 客户质疑橱窗内的房源未及时更新

"现在房子卖得太快，橱窗房源的更新速度跟不上卖房的速度。"（从侧面说明现在房地产市场很火爆）

"×先生，您好，我们刚刚新出了一套……"（直接推荐性价比高的房子）

"×先生，我昨天刚带客户看完这套房子，房子非常不错，只是今天没有提前约业主，所以暂时看不了。这样吧，我晚上约好业主后给您打电话（或发短信），您的电话号码是……"

2. 客户上门问某套房子的价格或情况

"×先生，您说的这套房子还在，而且业主和我的关系非常好，最早也是在我们这边卖的。"

"这套房子现在的底价是××万元，业主说看好了就能谈，我觉得您很有诚意，要不我现在把业主约来，咱们和业主见面谈谈？"

细节45：用心接待各类客户

针对不同类型的客户，经纪人在接待时不能"一刀切"，要因人而异。不同类型客户的接待要领如表8-5所示。

表8-5　不同类型客户的接待要领

客户类型	接待要领
优柔寡断型	这类客户遇事往往没有主见，难以做出决定。面对这类客户，经纪人应牢牢掌握主动权，充满自信地运用推销语言，不断地向他们提出积极的、具有建议性的意见。当然，经纪人不能忘记一定要从客户的立场来考虑问题
喜欢炫耀型	这类客户习惯把"我如何如何"挂在嘴边，爱听恭维、称赞的话。对于这类客户，经纪人要有耐心，仔细聆听，并适时称赞

（续表）

客户类型	接待要领
沉默寡言型	这类客户话比较少，一般问一句才说一句。这类客户表面上看起来不太随和，但只要经纪人说的话言之有理，他们便有可能成为忠实客户
知识渊博型	这类客户知识非常丰富，了解很多事情。这类客户是最容易面对的客户，也是最容易让经纪人受益的客户。当这类客户出现时，经纪人应抓住机会，多听对方说话，这样可以吸收各种有益的知识。这类客户往往宽宏、明智，经纪人只要抓住要点，不需要说太多的话，也不需要花太多的心思，就能说服他们
性格急躁型	这类客户往往精力旺盛，干什么事都快。接待这类客户时要精神饱满，清楚、准确地回答问题，如果回答时拖泥带水，这类客户就会失去耐心。接待这类客户时，说话要简洁，抓住要点，避免扯闲话
疑心较重型	这类客户不太容易相信陌生人，容易对他人的说法产生怀疑。说服这类客户的关键在于让他们感受到经纪人的诚意或经纪人对他们所提问题的重视，如"您提的问题真对，我也有过这种想法"等
讨价还价型	这类客户往往比较关注价格。接待这类客户时，经纪人可以在口头上妥协，可以说"没有办法啊，碰上您这么会砍价的人，我只好请示一下店长，看能不能降点了"，这样既可以使他们觉得占了便宜，又可以使他们觉得自己的砍价本领高超
性情善变型	这类客户容易做出决定，也容易改变决定。经纪人要趁热打铁，利用这类客户容易做出决定的特点快速成交
冷静理智型	对于这类客户急不得，如果他们没有充分了解情况，就不能指望他们做出购买决定。对于这类客户，千万不能急躁或向他们施加压力，经纪人应努力配合他们的步调，脚踏实地地证明自己说的话是正确的，慢慢就会水到渠成

细节46：掌握多种接待策略

经纪人如果不问情况，盲目接待客户，只会弄巧成拙。因此，对于不同类型的客户，经纪人应该掌握表 8-6 所示的不同的接待策略，只有这样才能获得事半功倍的效果。

表 8-6　接待策略

接待策略	要领
权威效应	利用自己对小区和交易环节的了解，用专业知识说服客户，让客户依赖、信任自己

（续表）

接待策略	要领
投石问路	有些客户对自己的需求不是特别清楚，这时可以先推荐一套不错的房子，看看客户的反应，以了解其真正的需求
草船借箭	当客户想要的房子暂时还没有的时候，可以推荐相似的房子，并趁机请客户留下电话号码，以便有房的时候及时联系他
反向思考	有时候客户不肯留电话号码，经纪人可以给客户一张自己的名片。例如，店门口经过一位客户，经纪人小李上前介绍，客户听了介绍，看上去有购买意向，但就是不留电话号码，最后小李给了他一张自己的名片。小李本来不抱什么希望，没想到第二天该客户打来了电话，看房后当即成交
投其所好	接待的时候与客户谈论他们感兴趣的话题，在客户的爱好上与他们达成共鸣，这样客户就会更愿意合作。当然，这就要求经纪人在平时尽可能多关注各方面的知识
峰回路转	有时候，经纪人以为没有办法了、没有房子看了，但其实可以将客户以前看过的房子重新推荐一遍，客户的需求和心态是会变的，他们以前觉得不合适的房子可能过一段时间就变得合适了

细节47：把握与客面谈时机

接近客户是非常重要的一个环节，因为只有在不引起客户反感的情况下接近他们，经纪人的后续工作才能顺利展开。经纪人必须善于把握接近客户的时机，不失时机地与客户展开正式面谈。

（一）最佳接近时机

1. 事先约定的时间

有些客户有比较强烈的购房意向，经纪人可以在电话中与其约定见面地点与时间。地点一般选在比较安静的地方，如茶馆、咖啡厅、公园等，最好不要选择业主所在地点，以防业主与客户私下沟通。时间最好为周末。

2. 客户空闲的时间

拜访客户时，要根据不同的客户挑选不同的时间，避免引起客户的反感。

经纪人小辉的一位客户是开餐馆的，在电话沟通后，小辉前往数次但都被客户以"现在很忙，请改天再来"为由拒绝了。有一天，小辉对客户说："不管您多么忙碌，晚上12点总能抽出时间吧？"客户回答："那时候是有一点时间。""好，那么我晚上再来。"怀着半信半疑的心理，小辉在深夜来到这家餐馆，发现那位客户正在等着他，于是面谈顺利展开。

由此可见，如果想获得客户的好感，千万不能只考虑自己的方便，必须配合客户的时间。

（二）最佳沟通时机

1. 客户长时间凝视某个地方

一般来说，在举办大型的二手房销售活动时客户比较多。当看到客户驻足观看或很出神地观看房产资料时，经纪人可抓住时机接近该客户，因为他很有可能就是为了买房子而来的。

2. 客户注视房源资料或图纸一段时间

如果客户注视房源资料或图纸一段时间，偶尔四处张望，那么他很可能是在寻求帮助。这时，经纪人要热情地与客户打招呼并主动展开话题。

3. 客户寻求经纪人的帮助

客户寻求经纪人的帮助对经纪人来说简直是天赐良机，只要经纪人诚恳地解答客户的问题，交易很可能会轻松达成。

细节48：观察揣摩客户心理

对经纪人来说，"捕获"客户只是第一步，想办法让客户接受自己的服务才是目标。如果最后丢掉了客户，那么经纪人失去的就不仅是客户，还有与之相关的工作成果。

（一）观察客户

观察是一门艺术，经纪人在与客户面谈时要学会观察客户的反应，不断地从客户身上获取各种不同的信息，具体要领如表8-7所示。

表8-7　观察客户的要领

观察要领	说明
客户是否倾听	在面谈中，如果客户正视经纪人或仔细观察房子，就表示客户对经纪人推荐的房子感兴趣，这是一个正向信号

（续表）

观察要领	说明
客户的身体语言	若客户身体前倾、与经纪人靠近，谈话一段时间后进入深思状态，就表示该客户正在考虑购买，这是一个正向信号；若客户不断变换姿势，则是反向信号
客户的问题与要求	若客户不断提问，则表示他对房子很感兴趣，经纪人要辨识问题中的信号，然后针对客户的问题进行专业的解答，同时做好交易准备
通过陪同者发出的信号	若客户与陪同者商量时气氛愉快，则是一个正向信号，反之则是反向信号

（二）揣摩客户心理

观察客户后进一步揣摩客户心理，有助于经纪人掌握客户的特点和动机，从而在推介房源时做到有的放矢，提高成交的概率，具体要领如表 8-8 所示。

表 8-8　揣摩客户心理的要领

揣摩要领	说明
揣摩客户的性格	揣摩客户的性格有助于经纪人把握沟通时机及方式。若客户态度强硬，则给予肯定和引导；若客户犹豫不决，则协助客户做决定
揣摩客户的收入水平	掌握客户的收入水平可以使经纪人提出更专业的建议，介绍更符合客户需求的房源，客户会感到轻松和安全，并增强购买信心
揣摩客户的感情世界	与客户的交往实际上也是心灵的交往，经纪人要学会用真心、真情赢得客户的尊重和好感。揣摩客户的感情世界有助于经纪人以客户喜欢的姿态或形象与其接触，在短时间内取得其好感和信任

细节49：倾听客户真正心声

了解客户要从倾听开始，从倾听中知悉客户的动机及观念，洞察客户"话中有话"的真正心声。要想倾听客户真正心声，经纪人要做到以下几点。

（一）心无旁骛

与客户沟通时要放下手头的工作，心无旁骛地听，让客户感到被尊重。

（二）衷心接纳

无论客户向经纪人倾诉什么，经纪人都要设身处地为客户着想，让客户感受到经纪人对他的尊重和接纳。

（三）听事实、听情感

倾听不仅要听清客户讲的话，还要让客户产生好的感受。经纪人不仅要听出客户传递的事实，更要听出客户传达的内心情感。

（四）有耐心

听话不能只听一半，否则很容易伤害对方的自尊和感情。经纪人耐心倾听客户的话，就是在告诉客户"您是一个值得我倾听的人"，这在无形中照顾了客户的自尊心，加强了彼此之间的情感交流，可以为最终的成功交易创造和谐融洽的气氛。

（五）设身处地

认真地听很重要，但要真正理解客户所说的内容，必须用心、用脑，站在客户的立场去听、去理解。经纪人只有用心地听，设身处地地听，想客户之所想，急客户之所急，才能获得客户的信任。

细节50：适时提问获取信息

有技巧的提问能让客户深入详尽地回答问题，经纪人便能从中获得更多的信息，这有利于推动面谈的发展，促成交易。

（一）把握好提问的前奏

如果经纪人打算提出客户可能不愿回答的敏感问题，就要把握好前奏，尽可能改变客户的想法，让客户知道回答这些问题是必要的。

比如，问客户的预算时，经纪人可以这样说："为了给您推荐一套最适合的房子，我想知道您能够接受的价格范围。"

（二）以肯定的语气开头

面谈时以肯定的语气开头，提出一个令客户惊讶的问题，是引起客户注意和兴趣的有效办法。经纪人把自己的主导思想先说出来，最后进行提问。该方法运用得当的话，可以引导客户说出一连串的"是"，有利于成交。

（三）从一般问题逐渐深入

询问客户时先从一般的简单问题开始，逐渐深入，以便从中发现客户的需求，为后续工作销售奠定基础。

（四）提出明确的问题

提问时要避免问题过于复杂、冗长，要简单明了，不啰唆、不拖泥带水，提出的问题要很容易被客户理解和回答。

（五）客观地提问

提问的主要目的是了解客户的真实想法，而不是诱使客户做出某种承诺或强迫客户接受经纪人的想法。所以，经纪人所提问题要尽量客观，不被主观意志所支配。

（六）用温和肯定的语气提问

提问的语气不同，客户的反应就不同，得到的回答也就不同。所以，经纪人在向客户提问时要注意语气，尽量温和友善。

（七）适当地保持沉默

与客户沟通时，适当的沉默也是十分必要的。经纪人向客户提问后，可以保持一小段时间的沉默，这样正好能为客户提供必要的思考时间，从而促进面谈的顺利进行。

（八）适时的反问可以扭转局面

即便客户提出的问题让经纪人不知道该怎样回答，经纪人也应该实事求是，切忌不懂装懂；经纪人也可以反过来问客户，让客户说他是怎样看待这个问题的，而这通常就是客户希望得到的回答，经纪人正好可以据此做出自己的回答。

环节 9   交易配对

配对是指将合适的房源与合适的客户进行匹配。房源客源匹配是房产交易中非常重要的一个环节，经纪人只有充分熟悉房源、充分了解客户，才能做到精准匹配，为客户选择符合其需求的房子，为业主选择合适的购买对象。

房源客源匹配的流程如图 9-1 所示。

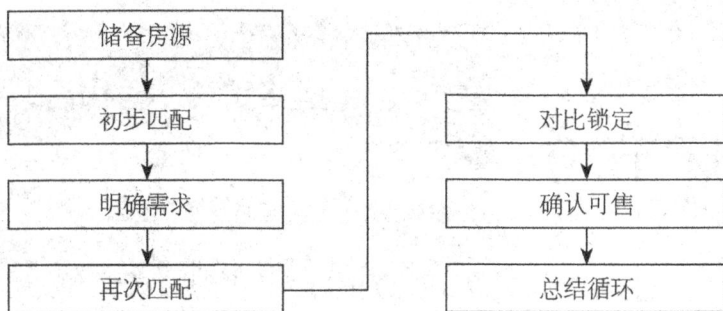

```
储备房源 ──────────────┐
   │                  │
   ▼                  ▼
初步匹配            对比锁定
   │                  │
   ▼                  ▼
明确需求            确认可售
   │                  │
   ▼                  ▼
再次匹配 ──────────  总结循环
```

图 9-1　房源客源匹配的流程

细节51：储备房源

要想成为优秀的经纪人，首要条件就是储备充足的房源，提升对房源的敏感度，做到"脑中有房，心中有房"。储备房源的要求如图 9-2 所示。

1 多实地勘房，只有实地看过的房源才能推荐给客户，做到"脑中有房"，可以快速为客户匹配房源

2 对于看过的房源，按自己的方式合理分类，以便快速记忆，如按居室类型分类，盘点一居室有多少套、二居室有多少套

3 找出每套房源的亮点，至少要有 3 ~ 5 个，如采光好、户型好、楼层好等，要记牢这些亮点，以备匹配

图 9-2　储备房源的要求

细节52：初步匹配

客户说明自己的需求之后，经纪人要快速做出反应，为客户匹配基本符合其需求的房子，这就是房源客源匹配的第二步——初步匹配。

在这个过程中，经纪人可以使用连亮点法。

比如，经纪人小徐有一天接待了一位客户，他说想买一套两居室的房子，装修要好一点，楼层居中，最好是南北朝向的，小区环境安静、绿化条件好就更好了，价格自然是越低越好。小徐听了客户的要求，迅速盘算了一下，每项条件都符合的房源还真没有，但有这样一套房源：满五年的两居室，中间层，朝向是东南向，交通比较便利，紧邻地铁，小区新建不久，楼下有一个幼儿园。小徐心想，这套房源能满足客户的需求吗？他马上使用连亮点法来梳理客户的需求与房源的亮点。

首先，小徐通过客户的陈述总结出客户有交通便利、中间层、南北通透、装修好、价格优惠、小区环境好、两居室等需求。而小徐手中这套房源的亮点是满五唯一、经典的两居户型、黄金楼层、是东南朝向、楼下有幼儿园、紧邻地铁、新小区、环境好。

了解了客户的需求和房源的亮点之后，小徐开始连线，看房源亮点与客户需求的匹配程度有多高。客户要求房子要交通便利，这套房子紧邻地铁；客户要求中间楼层，这套房子的楼层也不错，处于黄金楼层；客户要求小区的环境要好，这套房子在一个新小区里，环境不错；户型要求也完全契合。

一般来说，只要房源的亮点有两个以上符合客户的需求，就可以为客户推荐该房源。通过上面的分析可以看出，这套房源的 5 个亮点与客户的需求是匹配的，所以小徐立刻就为客户初步匹配了这套房源。

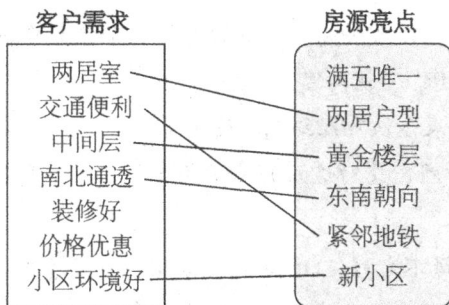

连亮点法

99

细节53：明确需求

初步匹配只是根据客户的大致需求所做的模糊匹配，要想做到精准匹配，经纪人还要进一步了解、明确客户的需求。

经纪人可以通过带客看房进一步明确客户的需求。经纪人在带客看房的过程中要时刻注意客户的态度和每一个表情，引导客户讲述看房的感受，让客户表达对房源的真实评价，尤其要注意客户在看房的过程中关心和在意的问题有哪些。

比如，客户看重房子的朝向与采光、卧室的大小与格局、空间的利用率等。

每位客户关注的点可能都不一样，经纪人在带看的过程中要细心观察，了解客户的核心需求。而客户的潜在需求，就需要经纪人通过适当的方法来挖掘了。

比如，为客户介绍房屋的时候可以提一下业主的背景，或者说说业主是否着急用钱等，以此试探客户倾向于采用哪种付款方式。

情景模拟

> **了解客户需求，精确配对房源**
>
> **经纪人**：方小姐，您之前看过××花园的房子吗？（了解客户置业进程）
>
> **客户**：是的，看了几套，都不太满意。（客户表明之前看房不成功）
>
> **经纪人**：哦，之前看的是哪栋的？（进一步了解客户看房不成功的原因）
>
> **客户**：C栋和D栋的都看过。
>
> **经纪人**：我想这两栋一定不符合您的需求，这两栋靠近马路，相对比较吵闹，而您是做律师的，经常要做思考性的工作，需要安静的环境。E栋和A栋靠花园，应该比较适合您。（认同客户）
>
> 此时，客户点头表示认可经纪人的观点。
>
> **经纪人**：除了吵闹，您对这几套房子还有什么不满意的地方吗？（继续探寻成交障碍）
>
> **客户**：C栋的通风不太好，D栋的阳台太小，我不喜欢，其他方面都还行。
>
> **经纪人**：您太有眼光了！我接待了好几位客户，他们和您一样都有这种感觉。一会儿我带您去看一下A栋2单元的房子，您就完全不会有这样的感觉了。

那套房子正对着花园，安静，南北通透，更重要的是阳台非常大，完全符合您的要求。（精确匹配房源）

细节54：再次匹配

通过带客看房，经纪人会对客户的需求有进一步的了解。如果客户对初次匹配的房源不满意，经纪人就要再次为客户匹配房源。

（一）将房源信息整理为列表

经纪人可以将房源信息整理为列表，在表格中列出房源的地理位置、所处商圈、户型、面积、楼层、房价、小区环境、交通条件等，以备客户挑选。现在，向客户推荐房源信息时应更加注重可视化效果。经纪人在向客户提供房源信息时可以提供照片和视频，让客户更直观地了解房源。

> **小提示**　从实际操作经验来看，经纪人若能向客户提供真实、全面的房源照片与视频，带客看房及成交的概率就会大幅上升，经纪人的工作效率也会大大提高。

（二）介绍房源的优缺点

在向客户介绍房源之前，经纪人应提前了解房源的各种情况及吸引客户购买的地方。介绍房源时要确保真实性，不能夸大其词、故意掩盖房源的缺陷。经纪人可以根据客户的需求，重点介绍与客户核心需求相关的房源信息。

比如，安全的儿童游乐环境、方便的上下班交通条件、周到的物业服务、方便的社区医院等，以让客户觉得房源有十足的吸引力。

经纪人不能只说房源的优点而不说缺点，客户对房源的印象往往是根据经纪人的描述产生的。经纪人不能误导客户，对房屋装修、交通或环境方面的介绍要实事求是。

经纪人不实描述房源，客户的期望值会提高，实地看完房后失落感会很强，很容易对经纪人产生不信任或抵触情绪。经纪人要以恰当的方式说明房源缺点，尤其是法律法规要求告之客户的内容。

比如，多位客户都随其经纪人看过一套待售房源，但这套房子一直没有卖出去。某房地产经纪公司的一位优秀经纪人带一位客户去看房。当这位客户问他这套房子怎么样时，他回复说："房子性价比很高，没什么大问题。但是有两个小问题。一是房子位于管道层，装修的时候要多费心。二是打开窗户就会看到马路，早晚高峰期会有一点噪声，别的就没什么了。"后来客户真的选中了这套房子。这位优秀的经纪人之所以能把这套房子卖出去，就是因为告诉了客户真实情况，客户认为经纪人不是仅仅为了获得佣金而提供服务，而是真正为客户着想、维护客户的利益。

（三）提出专业观点

经纪人应在熟悉客户、业主双方情况的前提下，向客户提出自己的专业观点。

比如，同样价格的房源有几套在售，分别是什么户型和楼层的；同样户型的房源有几套在售，分别是什么价格；如果购买推荐的房源，涉及的税费是多少。

经纪人在与客户沟通房源情况时，要细心观察客户需求的变化，引导客户将设想的需求落实为真实的需求。

（四）运用 ABC 法则

在再次匹配的过程中，经纪人可以灵活运用 ABC 法则。这里的 A 是指最符合客户需求的房源，B 是指超出客户预期的房源，C 是指低于客户预期的房源。

在实践中，经纪人可以运用以下两种方法。

1. BAC 法

BAC 法适用于要求看好房子的客户，这类客户通常对房子的要求比较高。对于这类客户，经纪人给他们看的第一套房源应该是 B，通过比较高的价格或比较好的装修条件让客户意识到这套房子价格偏高，不太容易接受。给客户看的第二套应该是 A，也就是最符合客户需求的房源，即主推房源。给客户看的第三套房源应该是 C，以低于客户预期的房源来衬托主推房源。

2. CAB 法

CAB 法适用于只想看低价格房源的客户或犹豫不决的客户。对于这类客户，经纪人给他们看的第一套房源应该是 C，也就是不可能满足客户需求的房源，以此稍微降低客户的要求。给客户看的第二套房源应该是 A，即主推房源，这时客户会觉得 A 比 C 好很多。给客户看的第三套应该是 B，也就是超出客户预算的房源，让他们看了以后觉得不能接受。相较而言，客户会更倾向于选择主推房源。

小提示

　　不管使用 BAC 法还是使用 CAB 法，最终目的都是让客户更容易接受最符合其需求的房源，即主推房源。

细节55：对比锁定

　　经纪人在带客户看过不同的房源后，要为客户对比这些房源，为客户提出中肯的购房建议，总结这些房源的优缺点，选出性价比最高的房源，帮助客户筛选出比较满意的房源。

　　如果客户犹豫不决，经纪人一定要及时解答客户的问题，消除客户的疑虑，通过再次对比房源的优缺点，找出客户的核心需求，通过再次匹配锁定符合客户需求的房源。

细节56：确认可售

　　经纪人在锁定房源之后，一定要与业主取得联系，确认这是可看的、在售的房源，并与业主商定看房时间。

　　同时，经纪人要与客户取得联系，向其描述房源的情况，询问其是否有实地看房的意愿。如果客户有看房意愿，经纪人要与业主约定时间实地看房；如果客户并无看房意愿，经纪人要向其询问对该房源不满意的原因并做详细记录，以备后续深入分析。

小提示

　　当有好几个同类房源时，应优先选择看房方便的或是已经有钥匙的房源。

细节57：总结循环

　　通过对比锁定房源后，如果客户还是出于各种原因无法确定，经纪人就要循环进行以上步骤。也就是说，经纪人要跟客户回顾一下近期看的房源，然后进行总结，找出客户可能并不知道的潜在需求，或者哪些一直坚持的需求并不是真正的需求。经纪人要重复进行以上步骤，不断挖掘客户的真实需求，直到为客户匹配到其满意的房源。

环节 10　带客看房

顾名思义，带客看房（简称"带看"）就是经纪人带着有意向的客户实地看房。带客看房是二手房交易流程中最重要的一环，也是经纪人对客户进行深入了解的最佳时机，这一环节直接影响交易成功与否。

带客看房的流程如图 10-1 所示。

① 预约带看

② 提前沟通

③ 充分准备

④ 与客户会合

⑤ 主导看房

⑥ 带看后跟进

图 10-1　带客看房的流程

细节58：预约带看

经纪人在预约带看时要与业主和客户两方都约好时间。

（一）与客户约好看房时间、地点

与客户预约看房时间时，经纪人可以这样问："× 先生 / 女士，我帮您找到了一套房子，在 ××，房子各方面的条件都跟您的要求比较吻合，您今天下午 4 点或 5 点有时间看房吗？"最好提供两个时间让客户选择，成功的概率会比较高。如果客户说没空看房，应当马上落实别的看房时间。

与客户约定的看房地点要准确，尽量与客户约在人流量小、有明显标志物的地点见面，并向客户推荐最便捷的到达方式；注意避开比较敏感的地方，如房地产中介公司密集的地方等。

（二）与业主约好看房时间

与客户约好时间之后，经纪人应马上与业主约好看房时间，如果双方在时间上不能达成一致，马上进行协调，直至达成一致。

> 经纪人与业主约时间时最好约时间段，可以说："×先生/女士，我们的客户会在×点到×点（或者×点钟左右）去您那里看房。"时间段不宜过长，最好不超过30分钟。

（三）时间选择技巧

（1）下雨天不带看。下雨天一般不好走路，尤其是一些交通状况不太好的路段，而且下雨天室内的采光会受到一定的影响，室内会显得很暗。

（2）尽量上午带看。上午是光线最好的时候，也是人们精力比较充沛的时候，带看效果较好。

细节59：提前沟通

与双方约好看房时间后，经纪人还要提前与双方做好沟通。

（一）提前与客户沟通

经纪人要跟客户强调不要直接与业主谈价，防止"跳单"。经纪人可以这样说："您看好房子后，不要直接向业主还价，您想出什么价格回来和我说，我去帮您谈。如果您直接还价，业主就会觉得您很想买他的房子，很可能不愿意降价，这对谈价非常不利。"

（二）提前与业主沟通

经纪人要跟业主强调，如果客户问价，就让客户直接找自己谈。经纪人可以这样说："我建议您把报价设置为比您心里的底价高一些的价格，因为客户看完房子之后一般都会砍价，应该留出一些谈价的空间。如果客户问您价格，您只要说'已经委托给中介，跟中介谈就行了'。"

话术参考

带看前与客户沟通的话术

1. 约客户时的铺垫

"×姐，别的客户都约3点半看房，我专门给您提前约了30分钟，咱们可以先看。"

"这个户型两年来就出来这一套，已经有好几位客户约看房了，您一定要尽早过来，最好带上身份证和定金，看好了就别错过。"

"业主跟我关系非常好，您一会儿就专心看房，其他的事情交给我。即便您对房子满意，也不要和房东过多地交谈，以防房东涨价。如果您对房子不满意，不要当面说太多，我再帮您找其他房子。"

"您那边有几个人过来看房啊？最好和家人一起来看，业主这边不太好约，只能看这一次。"

"您和您的爱人都过来吗？您今天看好了能定下来吗？那您带着定金过来吧，不行咱们就不定，但我保证您会喜欢这套房子。"（让客户带定金过来，尽量要求决策人来或夫妻一起来，免得客户看好后以决策人或伴侣不同意为借口拖延成交）

2. 客户已到门店时的铺垫

"看房时，您即使满意也不要显露出来，看房时间不宜过长，便于我们议价。"

"您即便不喜欢房子的某些地方，也不要当着业主的面直接说出来。"（不要当着业主的面挑房子的毛病，避免矛盾激化）

"不要询问业主关于价格的问题，也不要和他说太多的话，否则他会觉得您着急买，到时我们就不好帮您谈价格了。"（避免过早透露底价，影响后续谈价）

"错过这套恐怕就真的很难找到更好的了。看房不容易，要抓住机会。"

"我同事带的那位客户也想买，您要是现在有时间咱们赶紧去看吧，不然可能连看的机会都没有了！"

细节60：充分准备

在带看之前，经纪人还应做好以下准备工作。

（一）了解看房人数

带看前要了解有多少人来看房，如果是多人看房，而业主又住在里面，经纪人就有必要请同事帮忙一起去看房，防止买卖双方相互留下联系方式，从而出现"跳单"的情况。

（二）选择带看的路线

带看时，一般会有好几条路线可选。经纪人要提前想好带看路线和看房过程中客户可能提出的问题。带看时最好走大道，不走小巷子。有些房源地处偏僻，如果路也不好走，容易让客户对房子失去兴趣。

（三）熟悉小区周边情况

经纪人应熟悉小区周边情况，做到心中有数，因为有的客户会根据情况与经纪人约在要看的房源附近碰头，如果经纪人不熟悉该小区周边情况，就无法选择一个好的地点。

（四）备好带看物品

经纪人应准备好带看时需要使用的物品，如名片、鞋套、测距仪及《实地看房确认书》等。

细节61：与客户会合

经纪人应按约定的时间、地点与客户会合，最好提前10分钟左右到达，以便做好迎接准备。见到客户后，经纪人应主动寒暄，并让客户签订《实地看房确认书》。

下面提供一份《实地看房确认书》的范本，仅供参考。

范本

实地看房确认书

甲方（委托方）：＿＿＿＿＿＿＿＿＿　　证件号码：＿＿＿＿＿＿＿＿＿

乙方（承办方）：＿＿＿＿＿＿＿＿＿

　　一、乙方向甲方提供如下房产供甲方及其关系人（"关系人"包括甲方的配偶、代理人、亲属及朋友等）选择，同时提供相关房地产咨询等中介服务。乙方提供房地产咨询等中介服务后，甲方及其关系人与下列房产的产权人或产权人的代理人签订合同即视为乙方完成中介服务。

类型	房源编号	房屋位置	建筑面积	户型	楼层 / 总层	租金 / 售价
租赁□ 买卖□						

　　二、甲方确认

　　1. 在此次带看房屋前，没有任何一家中介代理机构及个人向甲方及其关系人推荐和带看过上述房屋。

　　2. 在委托期限内，当以上房屋仍不能满足甲方需求时，乙方须继续向甲方及其关系人推荐房屋。

　　三、甲方及其关系人同意按照以下条款委托乙方□租赁　□购买房屋。

　　1. 为保障业主、甲方、乙方三方的人身及财产安全，乙方在带领甲方看房前，甲方及其关系人须出示有效身份证件并签订《实地看房确认书》。

　　2. 委托期限：□甲方找到合适房屋为止　□自＿＿＿年＿＿月＿＿日起至＿＿＿年＿＿月＿＿日止。

　　3. 甲方的代理人签订本确认书时，须向乙方提供甲方的有效授权委托书，否则签署人将承担本确认书规定的全部责任。

4.服务佣金

□承租：服务费为成交的第一个月的租金的____%，甲方与业主签订承租合同时一次性向乙方付清。

□购买：服务费为成交价格的____%，甲方与业主签订买卖合同时一次性向乙方付清。

5.违约责任

（1）甲方及其关系人在看房时和看房后，不得以任何理由与房主交换联系方式，或者直接或间接与房主联系，若有任何要求或需求，须先与乙方联系，由乙方出面与房主联系、商谈。若因甲方和房主直接或间接联系而产生纠纷和责任，由甲方承担全部责任并按约定的服务佣金赔偿乙方的经济损失。

（2）甲方及其关系人不得以任何理由私下避开乙方，自己或通过第三方与该房屋业主达成交易或成交该房屋，一经查实则视为本次交易成功，甲方即构成违约，甲方应向乙方双倍支付服务佣金并赔偿经济损失。

（3）本协议房屋价格与交易价格不一致时，应以本协议房屋价格为支付佣金的依据。

四、如果甲方拒绝按约定向乙方支付佣金，乙方有权依法追索，因此产生的诉讼费、交通费、鉴定费、律师费等相关费用由甲方承担。

五、在履行本确认书过程中发生争议的，甲、乙双方应友好协商解决。协商不成的，可向_____人民法院提起诉讼。

六、本确认书一式二份，甲、乙双方各执一份，自盖章或签字之日起生效。

甲方（委托方）：_____   乙方（承办方）：_____

代理人：_____   经纪人：_____

电话：_____   电话：_____

日期：_____   日期：_____

细节62：主导看房

带看时多半要先走一段路，到了楼盘处，若有电梯，则要乘电梯，若没有电梯，则要爬楼梯。这一过程短则几分钟，长则半小时，经纪人在这个过程中要充分施展自己的销售技巧。

（一）带看过程中的要求

带看过程中的要求如表 10-1 所示。

表 10-1 带看过程中的要求

环节	要求
在路上	（1）在路上要与客户多交谈。鼓励客户多说，同时要表现得诚实、坦率。积极提问，从客户的回答中获取需要的信息，巧妙地问一些客户感兴趣的问题，从而获得客户的好感。有时，提问也是一种手段，可以将话题拉回正题。另外，交谈也可以让客户慢慢了解经纪人，并逐渐对经纪人产生信任 （2）在路上，可以给客户讲解小区的优点和周边配套设施，如附近的花园、市场、超市、公交车站、地铁站等 （3）在路上，可以适当地强调定金的作用，如"看好房子一定要迅速交定金，不然很快就会被其他人买走"等，为促成交易做好铺垫
乘电梯	进电梯时要让客户先进，出电梯时要让客户先出，避免客户被电梯门夹住
爬多层楼梯	如果看的房子没有电梯，可以在走到四五楼的时候停一会儿，让客户不会觉得非常辛苦。停留的时候可以介绍外面的风景等。注意，千万不要说"太累了，休息一下吧"
到达所看房屋（有业主在家）	（1）礼貌地敲门，敲门后，协助客户穿上鞋套 （2）进门后，礼貌地与业主打招呼，并简单介绍双方，如"您好，×老师，打扰您了。这位是×先生/士，来看咱们的房子。×先生/女士，这是业主×老师" （3）礼貌地询问业主由谁带领客户看房，如"×老师，您看是我带客户看一下，还是您来给客户介绍呢" （4）在带领客户看房的过程中，要让客户走在前面，经纪人应在客户右后方 1.5 米左右。当客户问到细节问题时，经纪人可向前一步，如实回答 （5）在整个看房过程中，随时提示容易被客户忽略的优点，如"×先生/女士，您可以站在阳台上看一下，前面就是××山，很好看" （6）等客户看完房子后，礼貌地询问客户是否已经看好了。如果客户说差不多了，便可向业主告别，如"×老师，我们已经看完了，打扰您了，回头我给您打电话，再见"。然后请客户先出门，自己后出门，并将门关好
到达所看房屋（空房）	（1）拿出钥匙开门，并告诉客户这是业主留在门店的钥匙 （2）进门后，协助客户穿上鞋套，开灯、开窗 （3）陪同客户仔细参观，向客户介绍房子时不要刻意回避客户指出的缺点，利用话题将其注意力引到房子的优点上 （4）离开房间时关闭所有电源，关好门窗、锁好房门

话术参考

带看时突出房源优点的话术

1. 针对体量较大的小区

"日常散步、饭后消食在小区里转一圈儿就行，如果家里的老人和孩子每天出门，外面车来车往的，可能不安全。"

"一般像这种大小区，内部的绿化、配套设施都相对好很多。"

"大体量的小区大部分都能做到人车分流，更加安全。"

2. 针对体量较小的小区

"住户比较少，邻里之间知根知底，生活氛围好。"

"虽然面积不大，但该有的设施很齐全。"

"保安巡逻覆盖全小区，没有安全死角，住起来很安心。"

3. 针对大物业公司服务的小区

"员工培训做得很到位，工作人员专业素质很高，服务态度特别好。"

"如果以后考虑卖房子，优秀的物业公司也能带来溢价。"

4. 针对小物业公司服务的小区

"物业费很少，生活成本不高。"

"这边的物业人员都是工作了几十年的老员工，普遍和业主关系很好，没有闹心的物业纠纷。"

5. 针对绿化情况较好的小区

"小区绿植特别丰富，每天看到小区的花花草草，心情也会变好。"

"这些绿植都栽了很多年，许多业主傍晚就在树下纳凉、休闲、和邻居聊天，氛围很不错。"

6. 针对绿化情况较差的小区

"虽然绿植数量不多，但打理得很不错。"

"就算是夏天，也完全没有蚊虫困扰，散步遛弯很舒心。"

7. 针对朝南的房屋

"采光好，房子明亮，下午也不会太晒。"

"朝南能够保证家里有充足的光照，紫外线可以给家里消毒除螨，间接营造了更健康的居家环境。"

8. 针对朝西的房屋

"其实夏天不管朝向如何家里都热，即使不西晒，也一样要开空调。"

"虽然朝西，但室内采光不错，白天很亮堂。"

9. 针对客厅较小的房屋

"客厅大小要根据生活需要来看，有的客厅太大反而显得空。"

"客厅装修其实是比较费钱的，只要能满足生活所需，客厅小一点还能节约不少装修成本。"

10. 针对客厅较大的房屋

"客厅是一家老小聚在一起的公共空间，客厅大点，活动空间就宽敞一些，能促进一家人的日常交流。"

"家里来了客人不用担心拥挤，几乎都坐得下。"

11. 针对有阳台的房屋

"有了阳台，通风和采光都不会太差。"

"除了视野开阔的优点，一部分阳台还可以改造成功能间，装上洗衣柜、晾衣架，衣服多晒晒往往让人更安心。"

"阳台可以改造成一个私密的休闲空间，摆上简单的桌椅和花草，坐在那里肯定非常解压。"

12. 针对没有阳台的房屋

"室外的灰尘不容易进屋，家里可以装新风系统或空气净化系统。"

"阳台的灰尘和噪声问题比较多，很多业主都会选择将阳台封起来，这又是一笔不小的开销。"

13. 针对清水房

"装修材料可以自己把控，可以按照自己的爱好和审美装修，住起来更舒心。"

"自己装修虽然比较费时费力，但用别人用过的家具和设计，体验还是会差些。"

14. 针对装修房

"基本可以做到拎包入住，搬家时只需要再添置一些私人物品，省钱又省心。"

"上一位业主已经住了好几年，完全不用担心甲醛超标的问题。"

15. 针对横厅房

"客厅看起来非常大气。"

"采光面大，客厅、餐厅亮堂，将对面的窗户打通，可以做通透户型，对流风吹起来很舒服。"

"横厅设计减少了过道空间，房子基本没有浪费面积。"

16. 针对竖厅房

"公共空间和休息空间互不干扰，功能分区合理。"

"访客动线与主人动线互不冲突，即使家里来客人了，私密性也有保障。"

（二）带看过程中的注意事项

经纪人在带看过程中要注意以下事项。

（1）避免让客户和业主有过多的接触和交流。

（2）带看结束后，尽量将客户带回店里或将客户送走，以防客户与业主私下接触，导致"跳单"。

（3）一旦客户对房子产生了很大兴趣，就要趁热打铁，引导其尽快成交。一般的做法是把客户带回店里，常用的理由是："我们回店里休息一下吧，我给您算一下买这套房子需要支付哪些税费。"回店之后可以与客户慢慢谈，引导客户尽快成交。

（4）如果客户对房子不满意，可根据其需求做进一步的、有针对性的带看。

（三）带看之后的工作

带看结束后，经纪人要做好以下工作。

（1）与客户探讨刚看的房子是否达到或接近其要求。如果客户不能给出明确的答复，经纪人应尽量了解客户的想法，为下一步的跟进做好铺垫。

（2）与客户预约下次看房的时间。

（四）带看过程中的技巧

带看也要讲究一定的技巧，具体如图 10-2 所示。

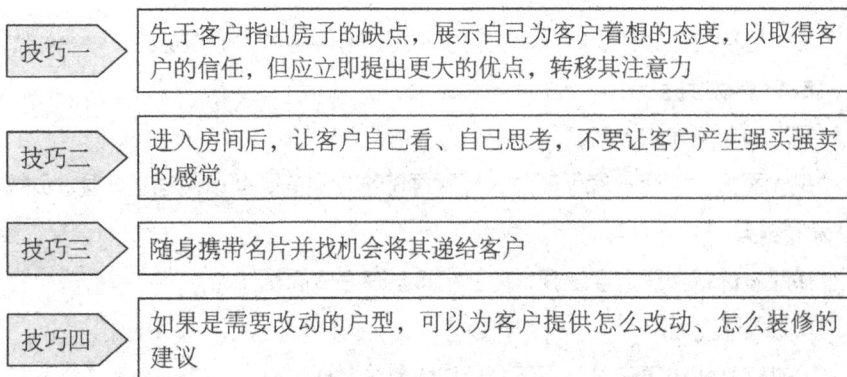

技巧一	先于客户指出房子的缺点，展示自己为客户着想的态度，以取得客户的信任，但应立即提出更大的优点，转移其注意力
技巧二	进入房间后，让客户自己看、自己思考，不要让客户产生强买强卖的感觉
技巧三	随身携带名片并找机会将其递给客户
技巧四	如果是需要改动的户型，可以为客户提供怎么改动、怎么装修的建议

图 10-2　带看过程中的技巧

（五）重复带看的技巧

很多客户都喜欢当天看完房后回家考虑，并且让家里人及从事房地产行业的朋友提出意见。对于这样的客户，经纪人要做到以下几点。

（1）准确地匹配，帮客户找到满意的房子。

（2）在带看前告知客户带看不收费，但很辛苦，希望他把有决策权的家属都带上。

（3）在带看的过程中，有技巧地推进交易进程。

小提示

　　每次带客户看的房子不宜过多，看得太多，客户会挑花眼，会拿此房的优点与彼房的缺点做对比，这会给后期的成交带来一定的困难。最好不多于三套，一般的顺序为：较好、最好、一般（只有两套的话，先看好的后看稍差的）。这样排序可以让客户充分认识到主推房源的优势。

相关链接

带看时容易犯的错误

下面介绍带看时容易犯的错误，经纪人要尽量避免犯这些错误。

1. 过于迁就客户

客户买房时通常都会比较谨慎及犹豫，这就需要经纪人推动进程，约客看房时不要问"您什么时候有时间看房"，这样问大多会得到同样的答案："有时间再约吧。"因而，约客看房时，经纪人一定要直接问客户："您是上午有时间还是下午有时间？"尤其对于一些热销二手房，如果约客约得晚，就只能看着别人成交了（我们一定要把这些信息巧妙地传达给客户，让其产生紧张感，然后抽时间来看房）。

2. 不知如何与客户沟通

有些经纪人与客户见面后不知如何与其沟通，主要表现如下表所示。

不知如何与客户沟通的表现

表现	说明
不知道应该讲什么	由于经纪人掌握的行业知识不足，或者以往与陌生人接触得不多，因此不能营造轻松愉快的谈话氛围
不敢介绍	在接触客户的过程中，经纪人因害怕讲得越多错得越多而选择保持沉默，甚至经常出现冷场的情况。这种情况会令客户不想和经纪人沟通，觉得经纪人很冷淡，导致经纪人后续很难再跟进客户
不知怎样提问	很多经验不足的经纪人只会问客户姓什么、需要何种类型的房子、购房的预算等问题。这些问题要问得有技巧，不能单刀直入、不加修饰。其实客户初次接触经纪人时最容易说出心里话，因为客户希望经纪人能帮助他，所以客户很乐意提供各方面信息

3. 不熟悉楼盘与环境

经纪人不熟悉楼盘与环境的表现如下表所示。

不熟悉环境与楼盘的表现

表现	说明
不熟悉楼盘	这是大忌。客户往往认为经纪人应该像计算机一样随时可以输出。客户问经纪人楼盘情况时，经纪人必须及时回答，否则客户对经纪人的印象就会大打折扣，所以经纪人一定要对楼盘非常熟悉
不熟悉周边环境	经纪人对楼盘的周边环境不熟悉，当客户忽然提出一些问题时，往往哑口无言
不熟悉房龄、户型、面积等	这会令客户对经纪人失去信心。买房是人生大事，客户往往有很多疑虑，如果经纪人的回答不能令客户满意，客户就会怀疑经纪人的业务能力
不熟悉所推荐房子的详细情况	客户想进一步了解经纪人所推荐房子的详细情况时，如果连经纪人都说不出来，客户就会对经纪人失去信任

4. 不了解客户的真正需求

经纪人应了解客户的真正需求，具体如下。

（1）购房的动机——是自住，还是给家里老人住等。

（2）希望的成交价格、面积、户型。

（3）几个人住，谁是购房的决策者。

（4）考虑的地点（主要取决于购房的动机，如自住、为工作、为生活、为孩子上学、为父母等）。

（5）需要在什么时候买到房，看房花了多长时间。

5. 只管带路，不会解说

（1）进入房子后不知讲什么。

看房时，有些经纪人由于对楼盘不熟或怯场、经验不足，不知道怎样介绍，或者一味地说好话，甚至遇到楼盘景观不好、装修不佳的情况都不知道怎样解释，导致客户对房子印象模糊甚至恶劣，业主觉得经纪人没有能力帮助他，两边不讨好。

（2）不知道业主姓名。

业主同样需要支付佣金，如果经纪人记错业主姓名，就会错失给业主留下好印象的机会，以后谈价时就很难营造出良好的氛围。

（3）不知道业主背景、卖房的原因。

很多时候，客户都很想知道业主为何卖房，所以经纪人要多了解业主背景，这有利于说服客户，也有利于拉近自己与业主的距离。

在看房时，经纪人要善于观察，随时关注业主和客户的反应，了解房屋的优缺点。当发现某方特别想买或特别想卖时，应及时采取行动。

6. 不懂报价

当客户问房子的价格时，有的经纪人不知道怎样报价，既怕报得太高把客户吓跑了，又怕报低了客户还价时没有降价空间。请记住，比"最低价"报高一些，永远好过无价可还。

7. 看房后不送客

现在房地产中介门店林立，带看结束后经纪人应尽量把客户送到停车场或送上车，这样就降低了客户被同行拦截的可能性。

8. 看完就走

有的经纪人在带看结束后就直接走了，有可能忘记关闭窗户、锁好房门、关掉屋内所有的水电设施，这很容易给客户留下不负责任的印象，从而影响客户对经纪人的信任。

细节63：带看后跟进

（一）请客户反馈

在看完每套房子后，经纪人可以马上问客户对房子是否满意，可以让客户给房子打分，这有利于第一时间了解客户看房后的感受。

（二）请客户回门店

经纪人可将详细计算税费或店内还有更多房源作为理由，请客户回门店详谈。

回店后，经纪人引领客户入座，给客户倒水，与客户慢慢沟通。经纪人可以就客户看的几套房子做综合性的分析比较，也可将所看房源与网上的其他房源进行比较。带客户回店是促进成交的有效手段之一。

（三）预约下次带看时间

在送走客户之前，经纪人要与客户约定下次看房的时间，可以了解客户最近的时间安排及看房的急迫性，以便做好充足的准备。

（四）对客户进行回访

经纪人要根据情况安排回访时间，询问客户的意向，尽可能约客户到店里详谈。若客户表示还要考虑一下，一定要表示理解，但要提醒客户尽快做决定，否则有可能错失交易机会。若看不出客户的意向，经纪人可以推迟两天再回访。

话术参考

带看后与客户沟通的话术

"这是我们刚才看过的房子的户型图和简介，最上面是我的名片，请您收好。您觉得这套房子怎么样？"

"×先生/女士，先去我们店里喝点水，我顺便帮您计算一下税费吧！"

"您觉得这套房子怎么样？我觉得真的很不错，真的很适合您。"

"我给您推荐的这套房子可以满足您的大部分要求，而且是性价比最高的一套。"

"您现在就和家人商量一下吧，这套房子真的很适合您，错过了真的非常可惜。"

"您担心哪个方面呢？价格，交易流程，还是……"（引导客户说出自己不满意的地方）

"买房就像买衣服一样，总觉得还有更好的，但等到发现没有更合适的再回头时，原来看上的可能已经卖出去了。"

"抛开价格不谈，您对房子本身有什么满意和不满意的地方？"

（五）及时反馈业主

带看结束后当天，经纪人要把客户看房的真实评价反馈给业主，并试着谈价格。

话术参考

带看后与业主沟通的话术

"×先生，客户刚看了房子后很满意，但是觉得 520 万元的价格确实有些高。您想，谁买房子不想买个性价比高点的啊？您看 510 万元这个价格行不行？"（指出客户发现的问题，然后顺势议价）

"×先生，说句心里话，我也想帮您卖个好价钱，那样我们还能多收一点佣金呢，可是咱的房子的确存在这样的问题啊！"（用客户发现的房子的缺点来议价，但一定要注意与业主保持良好的关系）

"客户不是特别满意，但如果价格比别的房子有优势，客户也能接受。我不知道×先生您这边是怎么考虑的，您看要不要再争取一下？"（把是否降价的问题抛给业主）

细节64：VR看房

近年来，随着虚拟现实（Virtual Reality，VR）技术的逐渐成熟，房地产行业运用 VR 技术展示房屋已成为一大趋势。有购买意向的人群通过 VR 技术，足不出户就能无死角看房，了解房子的各方面情况，避免了舟车劳顿，具体如图 10-3 所示。

图 10-3　VR 看房软件

利用 VR 看房时，客户还可以查看三维模型，听经纪人讲解。虽然 VR 看房的效果没有实地看房那么好，无法实地感受房屋的结构和小区周边情况，但足以满足客户初步筛选房源的需求。

VR 看房就像网上购物一样，客户更容易对多套房源进行对比，不仅节省了时间，更大大提高了看房效率。

（一）如何提升转化效率

提升转化效率的措施如表 10-2 所示。

表 10-2　提升转化效率的措施

措施	说明
理顺讲房逻辑，将线下带看的思路搬到线上	经纪人可以把线下带看的思路搬到线上。VR 带看更有立体感和画面感，经纪人可以带客户整体感受一下房子的基本状态。在此基础上，经纪人可以给客户具体地讲解各个功能间的作用，介绍房子的优势，比如，房子有弧形阳台，能获取更多的阳光；业主非常用心地装修了房子等。客户知道了房子的优势，就更容易产生实地看房的想法
讲解房源周边情况，呈现 VR 没有体现的信息	给客户讲一些有可能之前不知道的房源周边情况，以及业主卖房的原因、房子的税费、学位情况、户口能否迁移等情况，这能让客户感受到经纪人的专业

（续表）

措施	说明
讲解时长尽量在 15 分钟以上	讲解时长要在 15 分钟以上，才能将客户的表面需求和隐含需求了解透彻，并体现经纪人的专业
脑中有房，想客户之所想，急客户之所急	客户的要求不一定是他真正的需求，经纪人要掌握更多的优质房源，将客户可能感兴趣的房源推荐给他，为其提供超预期的服务，这样在大多数情况下能提升成交率

（二）如何取得联系方式

经纪人在利用 VR 带看时，可以采用表 10-3 所示的措施来取得客户的联系方式。

表 10-3　取得联系方式的措施

措施	说明
找到转化点	在 VR 带看的过程中，经纪人在解决了客户的一个问题后，可以及时问客户是否方便留下联系方式。比如，客户说孩子希望转学，问经纪人是否有推荐的学校。经纪人在回答客户问题或推荐学校的过程中，可以问客户是否方便留下联系方式
靠专业赢得信任	客户第一次拒绝时，经纪人不要灰心，要站在客户的角度，多提供一些专业建议，再详细给客户讲解房子，尽可能多交互、多交流，告诉客户他想了解的信息，让客户感受到自己的真诚和热情，这样就有更多的机会获得客户的联系方式
用心引导	有些客户非常注重个人隐私，经纪人要第一时间消除客户的疑虑。如果有非常适合客户的优质房源，展示完后可以问一句："如果房源降价，我可能联系不到您，您是否方便留下联系方式呢？"有些客户可能直到线下带看时才愿意给经纪人联系方式。从客户的角度来说，没有看到合适的房子，就没必要把个人信息提供给经纪人。客户害怕浪费时间或被打扰，经纪人要理解客户的这种顾虑
不急于切换房源	讲解完一个房源后，不要急于切换房源，因为与客户交流的时间越长，就越了解客户的需求，也越有机会要到客户的联系方式
制作带看报告	可以把符合客户心理价位的房源制作成带看报告发给客户，如果客户看到感兴趣的房子，就会主动联系经纪人
让客户记录你的电话	在引导客户留下联系方式被拒绝时，经纪人可以问客户："您方便记一下我的电话号码吗？"这样客户有需求时会主动联系经纪人

（三）客户不说话，应该如何引导

客户利用 VR 看房时不说话，经纪人可采用表 10-4 所示的应对措施，巧妙地引导客户，尽量让客户开口说话。

表 10-4　客户不说话的应对措施

情况	应对措施
客户在等经纪人说话	这时，经纪人先简单做一个自我介绍作为开场白，然后将问题抛给客户："您看这套房子性价比挺高的，您需要了解这套房子的其他情况吗？"如果客户有想法，自然会说话
客户不知道有说话功能	经纪人在做完自我介绍、大概讲解之后，可以问客户："您方便接听吗？"客户有时可能误点了 VR 功能，有时不知道进入房间后会出现经纪人的声音。在这种情况下，经纪人可以问客户："我现在说话有没有打扰到您？您要方便的话，我们找一个安静的地方进行交流。我们已经进入 VR 看房功能了，相当于正在线上看房。"经纪人可以向客户解释一下："如果您方便，可以把麦克风打开，这样咱们就可以直接交流了。"
客户不方便说话	有时，客户在利用 VR 看房的时候不方便说话，如晚上家里人都休息了，这时经纪人可以通过文字与客户交流
客户不想说话	也有一些客户就是不想说话，这时经纪人只能尽最大努力介绍房源，体现自己的专业。经纪人可以说："我们没有别的目的，只是希望您找到我后，我能帮您买到满意的房子。请您加我的微信，当我有好的房源时，我可以第一时间通知您。"

（四）经常被客户打断，如何处理

为了防止在 VR 带看的过程中被客户打断，经纪人可以先让客户把自己想说的都说出来，这样后期引导客户时就会有比较大的主动权。另外，经纪人在讲解 20 ～ 30 秒后，应主动询问客户有什么想法，这样就能避免因为答非所问而被客户突然打断。

环节 11　促成交易

在二手房买卖过程中，很少有客户主动向经纪人提出成交的要求，绝大多数情况下都需要经纪人主动出击，采取促成交易的行动。

促成交易的要点如图 11-1 所示。

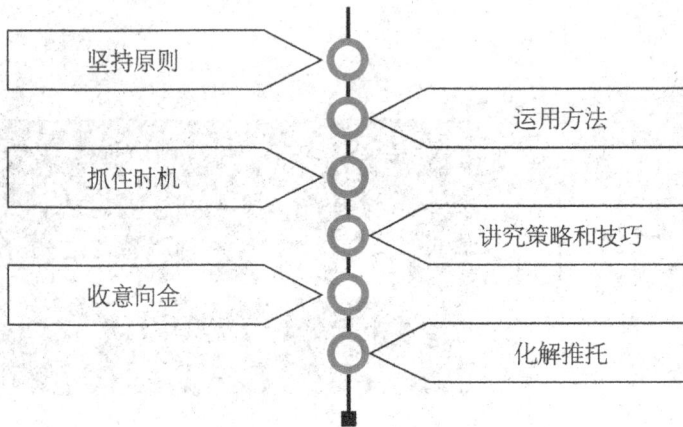

图 11-1　促成交易的要点

细节65：坚持原则

为促成交易，经纪人须坚持一定的原则，具体如图 11-2 所示。

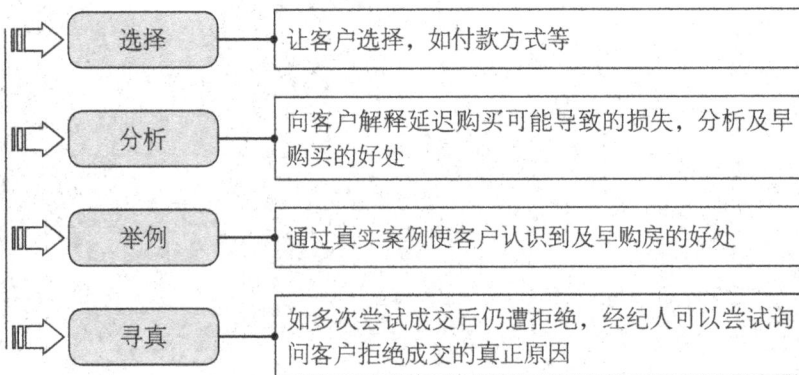

选择	让客户选择，如付款方式等
分析	向客户解释延迟购买可能导致的损失，分析及早购买的好处
举例	通过真实案例使客户认识到及早购房的好处
寻真	如多次尝试成交后仍遭拒绝，经纪人可以尝试询问客户拒绝成交的真正原因

图 11-2　促成交易须坚持的原则

细节66：运用方法

（一）假定成交法

假定成交法是指当经纪人发现客户发出购买信号时，可以假设客户已经决定购买，然后向客户询问购买时需考虑的细节问题，以尽快促成交易。客户正面回答这些问题就表明同意成交了。

比如，"您希望采用哪种付款方式"或"您更喜欢这套还是那套呢"等。

经纪人使用假定成交法，可以适当减轻客户的成交压力，有利于促成交易。假定成交法可以把客户的成交暗示转变为成交明示。

（二）利益成交法

利益成交法是指经纪人在向客户介绍购房可获得的利益时，将客户特别认同的利益汇总起来，然后予以强调，加深客户的认识。在使用利益成交法时，经纪人要以客户最认同的利益为起点，以客户曾提出异议的利益为终点。

使用利益成交法的目的是让客户产生交易的冲动。经纪人在介绍利益时，可不明确要求客户回答自己提出的问题，如果客户默不作声，多数情况下表示认同。客户一旦真正地从内心认同了某些主要利益，随后对次要问题就不会提出异议。

利益成交法既适用于自信型客户，也适用于疑虑型客户，这两类客户都倾向于在清楚了解自己能够获得的利益的基础上做决定。

（三）比较成交法

比较成交法是指经纪人列出各种选择的优缺点，让客户自行比较并做出决定。这种方法可以帮助客户分析各种选择所蕴含的机会。为了更好地让客户做出选择，房地产经纪人可以使用对比表，向客户逐一说明情况并听取客户意见，询问客户的选择并邀请客户达成交易。

比较成交法适用于自信型客户，这种方法与他们强调理性的特点相匹配。经纪人通过对比表明确列出需要分析的问题，让客户运用自己的判断力，有利于缩短客户的决策时间。

（四）暂定承诺法

暂定承诺法是指经纪人请一时难以做出购买决定的客户做出今后可以更改的、暂时性的购买承诺。这种方法既能让客户表达购买意向，又能消除客户的疑虑，因此是非常有效的。

暂定承诺法的优点在于能够使客户较快地做出暂时性的购买承诺，同时也给客户留出了进一步考虑的时间。暂时性的购买承诺虽不是最坚定的承诺，但有利于客户做出最终决定。当客户做出暂时性的承诺之后，一般就会停止寻找其他房源。

> 从心理学的角度来看，客户一旦做出某种形式的购买承诺，不管承诺具有多大的灵活性，他们总感觉自己已经做出了决定，很少会继续到处找人洽谈。

小提示

（五）机会成交法

机会成交法是指经纪人请客户抓住稍纵即逝的机会，立即成交。

比如，某套房子有很多客户看过，不少客户有购买意向，这时经纪人可以对自己的客户说："很多客户对这套房子很感兴趣，您如果看中了，我建议您尽快决定。"

使用机会成交法时，还可以从付款条件、佣金折扣、门店优惠等方面入手。大多数客户都会尽力避免损失，所以机会成交法非常有效。

（六）前提条件法

经纪人难免会遇到要求提供特殊优惠或服务的客户，要想破解这一难题就要勇于迎接这种挑战，促进交易的达成，但要求客户满足一定的前提条件。这就是前提条件法。

比如，客户提出能否在一天内办完交接手续。经纪人可以说："如果您明天一早来付房款，我们会派专人协助您办理交接手续，保证一天内办完。"

（七）欲擒故纵法

欲擒故纵法是指经纪人已经了解客户的成交意图但不急于成交，充分展示自己的诚恳，以获得客户的信任和依赖。

细节67：抓住时机

客户为了获得尽可能多的利益，往往不愿主动提出成交。因此，经纪人把握住成交时机非常关键。如果过早地试图成交，客户就会觉得经纪人办事不认真，降低交易意愿。客户的成交意向总会有意无意地通过各种方式表露出来。因此，在服务过程中，经纪人必须时刻认真观察客户的反应，捕捉成交信号。当经纪人感到客户已有成交意向时，就要趁热打铁，与客户达成交易。

客户成交的意向一般会通过语言、行为等表现出现，一般来说，经纪人可以通过以下信号识别成交时机。

（一）语言信号

客户的成交意向往往会通过其语言流露出来。比如，如果客户说"你们办手续快吗"，就表明成交的时机已经到来。

成交的语言信号如图 11-3 所示。

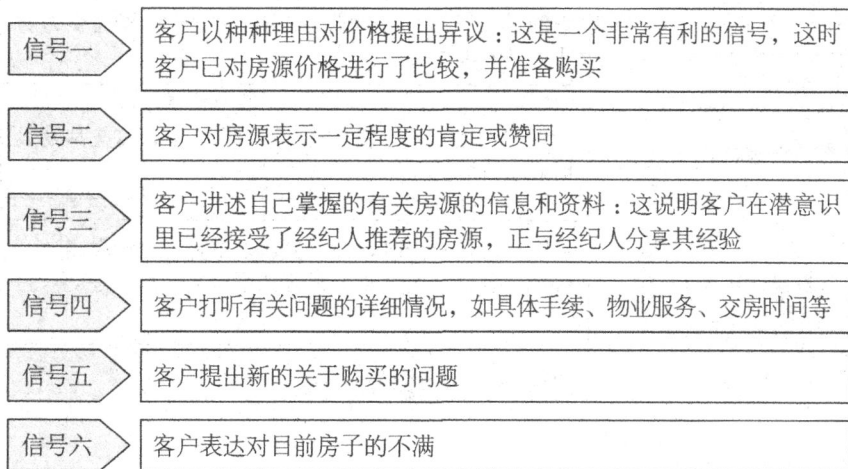

信号一	客户以种种理由对价格提出异议：这是一个非常有利的信号，这时客户已对房源价格进行了比较，并准备购买
信号二	客户对房源表示一定程度的肯定或赞同
信号三	客户讲述自己掌握的有关房源的信息和资料：这说明客户在潜意识里已经接受了经纪人推荐的房源，正与经纪人分享其经验
信号四	客户打听有关问题的详细情况，如具体手续、物业服务、交房时间等
信号五	客户提出新的关于购买的问题
信号六	客户表达对目前房子的不满

图 11-3　成交的语言信号

> **小提示**
>
> 提出异议的情况比较复杂，必须具体情况具体分析，既不能都视为成交时机，也不能无动于衷。

（二）行为信号

在成交阶段，经纪人应细致观察客户行为，并根据其变化来判断成交时机是否到来。一旦客户深入了解了房源，拿定主意要买，就会觉得一个艰难的心理活动过程结束了，很可能会表现出与经纪人介绍房源时完全不同的行为，具体如图 11-4 所示。

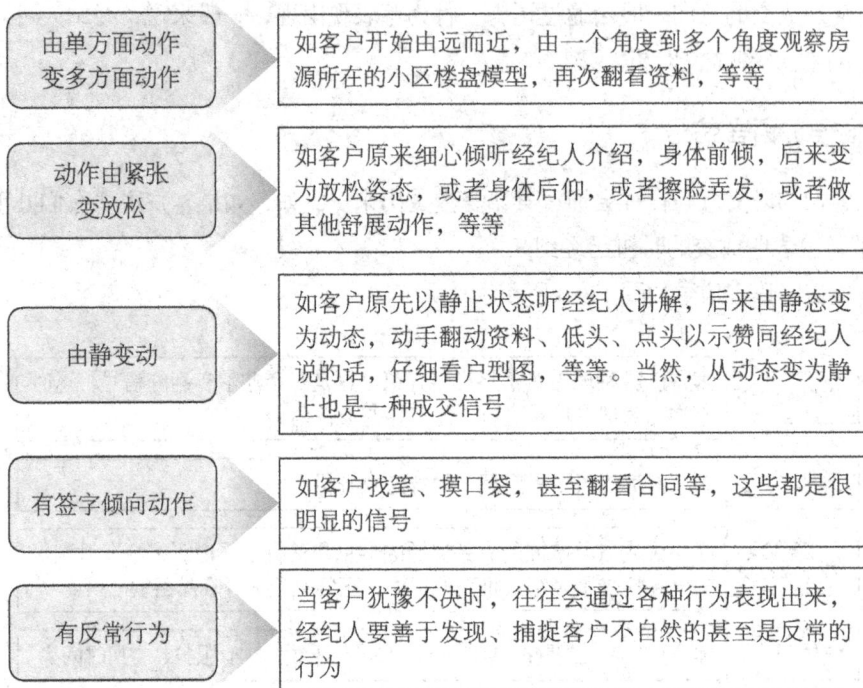

由单方面动作变多方面动作	如客户开始由远而近，由一个角度到多个角度观察房源所在的小区楼盘模型，再次翻看资料，等等
动作由紧张变放松	如客户原来细心倾听经纪人介绍，身体前倾，后来变为放松姿态，或者身体后仰，或者擦脸弄发，或者做其他舒展动作，等等
由静变动	如客户原先以静止状态听经纪人讲解，后来由静态变为动态，动手翻动资料、低头、点头以示赞同经纪人说的话，仔细看户型图，等等。当然，从动态变为静止也是一种成交信号
有签字倾向动作	如客户找笔、摸口袋，甚至翻看合同等，这些都是很明显的信号
有反常行为	当客户犹豫不决时，往往会通过各种行为表现出来，经纪人要善于发现、捕捉客户不自然的甚至是反常的行为

图 11-4　成交的行为信号

（三）其他信号

经纪人还可以通过销售活动有关事态的发展来识别成交时机，如客户热情主动地将经纪人介绍的情况告知亲友等。一旦客户将经纪人介绍的情况告知亲友并寻求意见，成交的概率就会大大增加，因为这时客户非常希望得到亲友的认可。经纪人可在一旁静观，待时机成熟便提出成交要求。

细节68：讲究策略和技巧

下面是一些实用的快速促成交易的策略和技巧。

（1）根据客户的背景和当下的市场环境，帮助客户分析购房的必要性。

（2）针对客户的需求，告诉客户"过了这个村，就没有这个店了"。

（3）针对客户的购房动机，告诉客户"现在出手最合适，等几天价格很可能会涨"。

（4）强调房子本身、周边配套及环境的优点。

（5）强调房子的保值升值能力，如附近的重大公共建设、学校等。

（6）帮助客户做设计，如建议在屋角摆设花柜、在玄关摆设壁画等，让客户产生美好联想。

（7）强调交易的安全性和可靠性，以巩固客户成交的信心。

（8）要对价格有信心，不轻易让步。

（9）不可将客户的出价作为加价基础。

（10）采取迂回策略，采用边介绍、边聊天的方式，让客户产生好感。

（11）让客户知道有其他客户正在考虑购买该房子。

（12）与资深同事探讨，找出快速成交的方法。

细节69：收取意向金

意向金是购房客户表示购买诚意的工具，是经纪人迈向成交的关键，它可以影响客户心理，同时增加经纪人在谈判中的筹码。

（一）向客户介绍意向金

很多客户并不了解意向金，一提到交钱就反感，这时经纪人要耐心地向客户解释付意向金的好处，具体如下。

（1）可以保证客户的购房权益。业主收取了意向金后，意向金可以自动转为定金，就算其他客户的出价更高，业主也不能反悔，否则业主就要双倍返还意向金，这对业主是一种制约。

（2）可以向业主表示客户买房的诚意。一般业主都很忙，客户交了意向金，业主才会拿出诚意来谈，这样谈成的概率会更高。

（3）带着意向金跟业主谈条件或还价会更容易。

（4）可以向业主证明客户有购买能力，是真的要买，这对后续谈判有利。

（5）获得一定的主动权。有些业主会把房子委托给多家房地产中介公司销售，谁先付诚意金就先跟谁谈或卖给谁。

（6）可以体现房地产中介公司的操作流程很规范，对双方负责。

经纪人在向客户介绍付意向金的好处时，也可以多介绍自己公司的背景，从而让客户感受到这家公司做事很正规，应该不会欺骗客户。

话术参考

向客户解释意向金的话术

"我们知道您有购买意向，但业主不知道。我们和业主谈价格，业主可能会很保守，价格也很难谈下来。我们经常遇到这种情况，这会白白浪费您许多时间，做很多无用功。业主也担心自己答应了，客户不成交，白白地把底价透露了，这样自己就会很被动，所以业主一般都很谨慎。您付了意向金，业主自然相信您是诚心买，这样是不是更容易谈价格呢？"

"您也知道目前市场上这类房子很少，看的人又那么多。如果别人看了也满意，比您早付意向金，那么业主会卖给谁呢？"

"我们收意向金，主要是为了帮您跟业主谈价格。您放心，如果价格谈不下来，××天后立即全部返还。××天后，价格谈不成，您来公司时提前告诉我一声，我让财务做好准备，您直接来拿钱就行了。您放心，我们会尽最大努力帮您谈价格。"

（二）收取意向金的时机

当客户有以下表现时，经纪人可以适时提出收取意向金。

（1）客户询问房屋有关事宜的问题量增加。

（2）客户对房屋的关注点增加。

（3）客户提出有关价格的问题，如"最低多少钱卖"等。

（4）客户说："我以前看过一套类似的，就是价格相对便宜（或装修相对好）一些。"

（5）客户问："贷款能贷多少？价格含税吗？"

小提示

经纪人要学会透过现象看本质，只有收取了意向金，争取到了更多的时间，才能顺利解决谈判中的其他细节问题，取得想要的结果。

（三）收取意向金的技巧

1. 怎样开口向客户收取意向金

收取意向金时，切忌说话太直接，一定要循序渐进。经纪人可以这样说：

"您对这套房子的户型还满意吗？"

"房子的位置挺好的吧？"

"空间利用率挺高的吧？"

"小区环境挺好的吧？"

经纪人应尽量多提出可以让客户给予肯定回答的问题，突出房子的优势。只有客户对经纪人推荐的房子产生购买意向，才有收取意向金的机会。如果客户对经纪人提出的问题给予肯定的回答，最好带客户回店里详谈。经纪人用什么样的说辞可以使客户跟随自己回店里详谈呢？经纪人可以这样说：

"今天给您推荐了几套房子，我看您对这套房子还挺满意，我也觉得这套房子的性价比挺高的。您和我一起回店里，咱们一起算算这套房子出多少钱买合适，怎样办手续对您来说方便一些。"

经纪人一定要让客户感受到自己做任何事情都是从客户的立场出发，为客户着想。

2. 对不同的客户使用不同的应对方法

经纪人对不同的客户要使用不同的应对方法，前提是充分了解客户的性格及购买能力、购买意向，具体方法如表 11-1 所示。

表 11-1　对不同的客户使用不同的应对方法

客户类型	客户特点	应对方法
首次购房的客户	（1）看房积极，但没有主见 （2）缺乏对房地产交易流程及相关手续的了解 （3）涉及交钱的问题时非常谨慎多疑	（1）慎推荐，勤沟通，易转化 （2）在看到合适的房子以前就告知意向金的用途（举例子） （3）耐心地讲解客户不了解的手续、环节，介绍专业知识，通过前期服务增强客户的信任，消除客户的疑虑
长期未成交的客户	（1）有意向，但不一定每次都会到场看房 （2）对交易流程及政策法规一知半解 （3）不会轻易付意向金，即使付，能接受的金额也很低	（1）推荐量少质优的房源，切忌说话夸张 （2）与客户面对面交流，尽量多观察、少说话 （3）以周到、热情的服务打动客户，让客户产生信任感，不宜操之过急 （4）再少的意向金也要收

（续表）

客户类型	客户特点	应对方法
已有购房经验的客户	（1）不轻易看房，但行动果断 （2）对房地产知识及相关手续比较了解 （3）"跑单"概率较高	（1）深入了解客户的真实需求，推荐的房源要优质 （2）多针对房子进行沟通

细节70：化解推托

客户有时会用一些说辞进行推托，这时经纪人要根据具体情况使用合适的化解方法。

（一）家人不同意

1. 原因分析

出现这种情况可能有以下几种原因。

（1）有可能客户家人真的不同意。

（2）这是客户的一种借口。

（3）客户及其家人对房源不了解。

（4）客户怕家人会有意见。

2. 应对话术

针对上述原因，经纪人可以用以下话术来应对。

"您的家人不同意是可以理解的，因为他们和您一样，一开始也不太了解我们的房源，等他们了解以后再说吧！不如约个时间和他们一起到现场看一下，您看星期一好还是星期二好呢？"

"是吗？这么重大的事，与家人商量一下是应该的，但毕竟您才是一家之主，您自己觉得如何？如果您觉得好，我想您的家人肯定会同意。"

"其实买房子是一件好事，他们肯定不会反对。只要您到现场看一下，做一个全面的了解，再回去和他们商量，我相信他们也会想来看看。"

"事实上，购房最大的受益人就是您的家人，他们有意见，我想一定是对房子不太了解。这样吧，由我们出面向您的家人介绍一下，有问题当面沟通，好吗？"

（二）先看看别的

1. 原因分析

出现这种情况可能有以下几种原因。

（1）客户有货比三家的习惯。

（2）客户可能对别的楼盘更感兴趣。

（3）客户还在考虑。

2. 应对话术

针对上述原因，经纪人可以用以下话术来应对。

"您是个识货的人，但我觉得这套房子无论位置还是环境都比较适合您，您最好到现场详细了解一下。"

"× 先生 / 女士，最重要的是您先明确想买哪种类型的房子，然后从中选择最适合自己的。我对其他房源也比较熟悉，我们可以一起分析，我觉得 ×× 花园非常适合您。"

"您考虑得很全面，买房确实是一件大事，但既然您已经来了，就让我详细地向您介绍一下（马上展示资料或带去看房）。"

（三）我去年买了一套房了

1. 原因分析

出现这种情况可能有以下几种原因。

（1）客户真的刚买了房。

（2）客户只是随便说说。

2. 应对话术

针对上述原因，经纪人可以用以下话术来应对。

"恭喜您！您买的房子一定很漂亮。既然我们碰上了，我就给您介绍一下 ×× 花园的房子，您也可以对比一下，如果觉得好可以再买一套，或者您可以介绍您的朋友来买。"

"那太好了！我现在可以向您介绍一下物业管理情况。"

（四）朋友是房地产公司的

1. 原因分析

出现这种情况可能有以下几种原因。

（1）客户确实有朋友在房地产公司工作。

（2）客户只是随口一说。

2. 应对话术

针对上述原因，经纪人可以用以下话术来应对。

"如果您觉得我们可以成为朋友，那么您在购房的时候又多了一个参谋。"

"您的朋友在房地产公司工作，那您一定对房地产行业有所了解，但房子不一定要从朋友那里买，而是要看哪个楼盘前景、环境和条件比较好。您能不能给我一个机会，让我详细介绍一下？如果您不满意，可以直接拒绝我。"

（五）佣金收得太高了

1. 原因分析

出现这种情况可能有以下几种原因。

（1）客户不认同佣金金额。

（2）在客户心中，做销售的只想着佣金。

2. 应对话术

针对上述原因，经纪人可以用以下话术来应对。

"我们的收费标准是符合相关规定和行业惯例的，不知道您认为哪部分费用太高呢？"

"我们的同事私自向您收取佣金了吗？有很多人都像您这样认为，这都是因为对我们行业不够了解。其实我只是向您推介房子而已，也希望我的介绍能给您提供一些参考。"

话术参考

有关收取佣金的话术

1. 客户要求佣金打折

"我们公司追求卓越的服务品质，从找房、谈价到售后服务，各环节都会让您满意，让您觉得付佣金是值得的！"

"我努力帮您找房源、谈房价，为您提供各项服务，保证资金安全，这些比什么都强，您说呢？"

2. 客户要求过完户再付佣金

"公司规定签约当天就要收取佣金，如果没有收到佣金，我们就没有办法把单子交到总部，这样我们就不能开展后续工作。"

3. 客户说佣金不打折就去找其他公司

"×先生，相信您找我们也不光是为了佣金能打点折吧？你一定是因为相信我们公司的品牌，相信我们的服务才找我们的。买房的关键是资金安全，避免风险，服务品质有保障，您说呢？"

"我们的佣金可能比别家的高一些，但是我有能力帮您把价格谈到××万元，而且您也看得出我在服务上的用心程度，对吧？"

4. 客户要求"私签"

"×先生，谁敢收您这两万元啊？这样的人您敢让他服务吗？房子这么高价值的商品，交易过程是很专业的，包括法律问题、资金风险问题，一旦出什么问题，就不是两万元而是几百万元的事了，到时候谁会为您负责呢？"

"我们公司是一家正规的公司，可能个别公司会这么做，但是我们不会因为个人利益而损害公司的利益和品牌。×姐，您也是明事理的人，您放心，我一定会帮您把房子的事情办好，我还指着您以后多介绍朋友给我呢！"（不宜太严肃，最好笑着说）

5. 客户担心过不了户而不肯付佣金

"如果是我们的责任导致无法过户，我们全额退款；如果是因为买卖双方有的地方没做到位而导致延迟过户，我们会协调双方，争取早日过户。"

6. 客户说如果佣金不打折就直接找业主

"×先生，可能我们的前期服务有做得不到位的地方，才让您有了这样的想法（以退为进，先抑后扬，先承认自己的不足）。我们的佣金真的打不了折，但我可以保证今后的服务会做得更好（不要把话说得太死，承诺提高售后服务质量，提升客户满意度）。我知道您是高素质人士，我相信您不会为了这么一点佣金而违背自己的原则。"

（六）不想交意向金

1. 原因分析

出现这种情况可能有以下几种原因。

（1）担心上当受骗，回去被亲戚朋友取笑。

（2）不清楚交意向金有什么作用。

2. 应对话术

针对上述原因，经纪人可以用以下话术来应对。

"一般情况下，您的想法有一定的道理，但现在我们每天都有很多客户来看房，不知道您今天看好的房子明天还在不在，因此付意向金对您有好处。不管在哪里买房，都是先到先得。"

"您的观念很好，请问您什么时候能决定呢？如果今天不能决定，那最好还是先把意向金交了，要不然其他客户先买走了，我也没办法，对不对？"

"您既然不能马上决定，就先交意向金，有 3 天时间可以让您充分考虑，而且在这 3 天内，就算有别的客户看上了，我们也会先征求您的意见再决定是否出售。"

环节 12　议价定价

一般来说，客户都希望自己能以最优惠的价格买到房子，而业主都希望能以最高的价格把房子卖出去，这就要求经纪人在中间进行协调，促使双方达成协议。

议价定价的流程如图 12-1 所示。

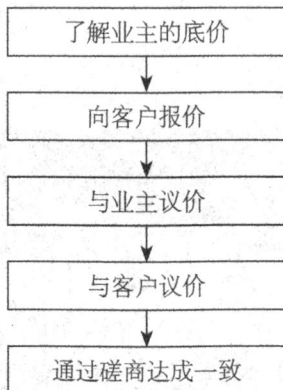

```
┌─────────────────┐
│  了解业主的底价  │
└─────────────────┘
         │
         ▼
┌─────────────────┐
│   向客户报价    │
└─────────────────┘
         │
         ▼
┌─────────────────┐
│   与业主议价    │
└─────────────────┘
         │
         ▼
┌─────────────────┐
│   与客户议价    │
└─────────────────┘
         │
         ▼
┌─────────────────┐
│  通过磋商达成一致 │
└─────────────────┘
```

图 12-1　议价定价的流程

细节71：了解业主的底价

业主通常希望卖一个比较高的价格，但又担心卖不出去或短时间内不能成交，同时又怕卖低了而产生损失。经纪人可以和业主一起分析看过房的客户共有多少，哪些有意向，付款条件分别是什么，出价分别是多少。只有梳理好这些信息，让业主得出一个最可能成交的价格区间，而不是一个唯一的价格，才容易摸清业主的底价。

细节72：向客户报价

报价是最考验经纪人能力的环节。报价太高，超出了客户的预期，客户可能转身就走；报价太低，业主不愿意，也没办法成交。所以，经纪人在报价的时候要把握好分寸。

（一）了解客户对价格的接受度

经纪人要了解客户购房的原因，比如，有的客户急着买房子是为了孩子上学，有的是为了给家里的老人住，有的是为了结婚。这时，只要房子合适，哪怕价格高一点，客户也愿意接受。

（二）报价的方式

报价主要有三种方式，即报高价、报平价、报低价。这三种报价方式适用于不同的房源和客户类型，经纪人不能随便报价，具体如表 12-1 所示。

表 12-1　报价的方式

方式	适用房源	适用客户类型	注意事项
报高价	房子性价比高，最好是独家房源	（1）喜欢讨价还价的客户 （2）主动上门的客户	一定要事先与业主沟通，让业主不要向客户透露底价
报平价	房子性价比一般，而且价格众所周知	（1）很看重价格的客户 （2）性格比较直爽的客户 （3）对经纪人比较信任的客户 （4）已经多次找中介看过房的客户	要先与业主确定是否还有议价空间，避免出现"跳价"的情况；同时告知客户这是业主的底价，价格再降的可能性较低
报低价	上架很长时间没卖出去或存在明显缺陷的房子，或者业主急着出售的房源	（1）首要考虑价格的客户 （2）不太会砍价的客户	要确定业主的底价是否在报价范围之内，要做好应对提价的准备

细节73：与业主议价

与业主议价是二手房交易中的关键一环，也是比较复杂的一个步骤，因为往往需要压低价格。

（一）议价的技巧

经纪人与业主议价时可以运用如表 12-2 所示的技巧。

表 12-2　与业主议价的技巧

技巧	说明
说房屋的缺点	陈述房屋的缺点（如户型、格局、周边环境、采光、装修、裂缝、漏水等），告知其价格偏高
说市场行情	列举近期成交的市场价，引导业主给出较合理的价格
换谈判的人	如果谈判陷入僵局，不妨换个人试试，也许会柳暗花明
换谈判地点	如果原先在业主家里谈，环境由业主控制，可以换个地点试试，比如，请业主来一趟公司，或者请业主到咖啡厅喝杯咖啡。换了地点就换了气氛，在价格方面也许会有突破
调停者适时介入	当谈判陷入僵局时，可以请对方信任的人或专业的人居中调停
一人让一半	将差价对半处理，强调其实差价不多，提议双方各让一半
投其所好	有些人喜欢听好话，正所谓"礼多人不怪"，多说赞美的话可能可以让业主的情绪变好，再趁机沟通价格
利用好时机	如刚好遇上新政策出台或市场淡季等，可以用大环境不佳这个理由与业主议价

（二）议价的注意事项

每一位业主都希望自己的房子能卖出高价，这是可以理解的。经纪人在知道客户的心理价位后往往需要跟业主还价，但在此之前，经纪人要深入了解客户及业主，如双方的家庭背景、经济状况、工作地点、交易心态、急切程度等，然后采取合适的行动。

经纪人在向业主还价的过程中要注意以下事项。

1. 不宜表明客户兴趣甚大

经纪人不宜向业主表明客户对其房子很感兴趣，可表示该房子在客户考虑之列，否则很难还价。

2. 不宜"放价"太快

就算客户口头同意业主的出价，经纪人也应尽量"留价"在手，将其作为后续的谈判筹码，因为只要业主一日未签合同，都有可能随时调价。

3. 不要害怕被拒绝

无论客户的还价有多低，经纪人都有责任让业主知道，业主说不定肯接受此价格。经纪人应该耐心地向业主解释这是客户的要求。

4. 做到收放自如

有些经纪人过分地逼客户加价或无理地要求业主降价，招致客户和业主的反感，使双方的谈判触礁。经纪人应根据双方的背景、目的、经济能力、家庭状况等因素，以适当的理由说服客户加价、说服业主降价，尽可能做到收放自如。

情景模拟

业主期望值太高，如何引导

经纪人：刘女士，我理解您的想法，我们也希望您的房子价格卖得高一些，这样我们也可以多收一些佣金。但是，您也知道，现在房价很透明，成交价格不是由您或我决定的，而是由市场决定的。您的房子报这个价格，比较难出手。

业主：多少钱比较合适？

经纪人：刘女士，您报这个价是如何考虑的？我相信您也了解过行情。

业主：我的报价完全就是基于买价和装修费用，我的房子装修得很好。

经纪人：刘女士，您的房子装修得确实不错，前几天在×××，我们也卖了一套面积一样、装修很漂亮的房子，就是楼层没您这套好，它的成交价是257万元，您可以做个参考。如果我只是为了迎合您，说可以卖到268万元，到时卖不出去，对您来说也是很不负责任的。不如我们先去看一下房子吧！看了以后我心里比较有底，也比较方便销售，我们公司可以免费帮您评估。

业主：不用了，有客户再带过来吧，我就卖这个价。（房东比较坚持，保护意识较强）

经纪人：您看价格能不能往下调一些，我跟客户报264万元，您看可不可以？客户如果有意向，我再跟您商量。

业主：那先按这个价格来报吧。

细节74：与客户议价

与客户议价也是二手房交易中的关键一环，经纪人要做到有守有攻、张弛有度，只有这样才能顺利地将谈判进行下去，更快地促成交易。

（一）议价的前提

议价的前提是带客户看完房后，客户表现出较强的购买意愿。当客户表现出意愿时，经纪人应该做好以下工作。

（1）尽可能将客户带回公司。

（2）再次肯定和赞扬客户的眼光，适时地强调买下该房子可获得哪些好处，增强客户的购买意愿。

（3）到达公司后，礼貌地请客户到洽谈室就座，及时送上茶水。

（4）向客户介绍公司的概况和售后服务，增强客户的信任，消除其后顾之忧。

（5）根据带看过程中客户的反馈，针对客户已认同的房子优点，有技巧地引导客户洽谈购买事宜。

比如："× 先生 / 女士，这个小区的环境好不好？"

"您对这套房子的感觉如何？"

"您对户型满意吗？"

"采光好不好？"

经纪人要抓住有利条件，尽可能让客户做出肯定的回答，得到客户的肯定回答后再继续逼近主题。

比如："× 先生 / 女士，既然您对这套房子很满意，那您可以接受这个价格吗？"

（二）议价的技巧

经纪人在与客户议价时可以参考以下技巧。

1. 适度坚持

如果谈判刚开始就主动让步或很快就失去了耐心，那么经纪人在谈判中肯定会失去主动权。经纪人要适度坚持自己心中的合理价格，具体方法如图 12-2 所示。

强调物超所值	明码标价
不断强调房子的优点，使客户的态度软化	给出实在的价格，让客户多比较、权衡利弊，这样客户往往会主动接受这个价格

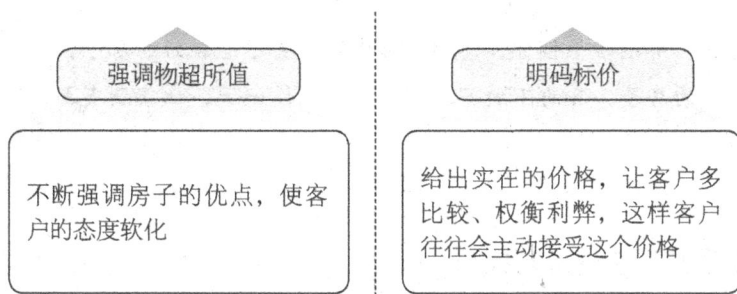

图 12-2　适度坚持的方法

2. 探出底价

经纪人可以问客户"那您认为什么价格合适呢"，这样问可以探出客户的底价，从而取得谈判的主动权。

3. 快刀斩乱麻

如果双方已经谈得差不多了，客户的出价又在底价之上，经纪人不妨说："您现在就能定下来吗？如果可以，我就马上请示我们经理！"如果客户的回答是肯定的，经纪人就要快刀斩乱麻，尽快完成交易，以免夜长梦多。

情景模拟

如何应对还价太离谱的客户

经纪人：陈先生，昨天我们看的那套房子不错吧？上个月我刚卖了一套面积差不多、装修还没这套好的，卖了125万元。这套房子您出多少钱？

客户：120万元。

经纪人：120万元（惊讶状）？陈先生，我能理解您，买方肯定希望价格低一些。但是，我觉得这套房子卖120万元肯定不可能，因为您见过业主，您也知道房子的情况。业主的出价真的比较实在，在这附近也找不到这么便宜的房子了。陈先生，您如果真心想买，请出一个比较实在的价格吧。

客户：差不多了，我这个出价也挺高的。这套房子也不是很便宜，我朋友上个月也刚买了一套差不多的，才110万元。

经纪人：陈先生，我想请问一下您朋友的房子是通过哪家中介公司买的？

客户：他自己买的。

> 　　**经纪人**：那确实很便宜，您朋友真幸运，买了这么好的房子，不过现在要买那么便宜的房子，真的不太可能了。咱们假设一下，让您朋友加10万元卖给您，不知道他肯不肯？

（三）客户出价的应对技巧

有时会遇到客户先出价的情况，这时经纪人可采用以下应对技巧。

（1）不断强调房子本身或环境的优点及价值。

（2）如果客户提出的价格业主有可能答应，则向客户提出一定的付款条件。

（3）如果客户还没仔细看房就问底价，可回答："您先看一下房子再说，业主的出价很合理，保证您满意。"

细节75：通过磋商达成一致

（一）磋商的目的

磋商的目的是实现双赢，尽可能满足买卖双方的核心需求。磋商时，经纪人应以气势掌控局面而不是以气势压制任何一方。只有买卖双方相互尊重，磋商才容易成功。

（二）磋商的时机

（1）当双方对价格等交易条件有异议时，磋商有助于缩小差距，促进成交。

（2）当双方对价格等交易条件大体达成共识时，磋商可以减少变数，促成快速成交。

（三）磋商的步骤

1. 准备

（1）必须确定双方是在什么价格的基础上进行磋商的。

（2）为双方约好时间，提醒客户带定金，提醒业主带产权证。

（3）安排好场地、座位。

（4）确定主谈及助谈人员。

2. 谈判

（1）经纪人首先要表明图 12-3 所示的两个观点。

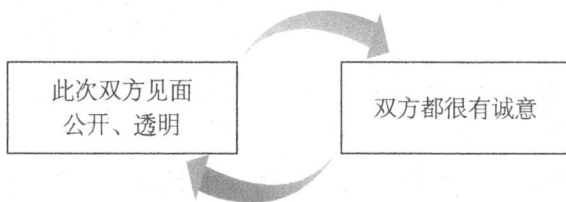

图 12-3　谈判时经纪人要表明的观点

（2）切入主题。亮出价格，开启第一轮价格谈判。如果双方坚持自己的出价，须拉开双方，分别说服其适当让步。洽谈人员要分别与双方沟通，尽可能促成交易。当双方出价接近时，意味着磋商接近成功。

（3）收取定金。磋商达成一致后，经纪人要快速填写定金收据，让客户交定金，并与双方约好签约时间。

（四）磋商过程中的注意事项

在磋商过程中经纪人要注意以下事项。

（1）提醒在场所有人员将手机关机或调至静音状态，以保证磋商不被打扰。

（2）在磋商过程中，为避免客户或业主因觉得经纪人不公正、偏袒某一方而谈判不畅或中止谈判，经纪人须始终保持中间立场。

（3）遵守磋商的原则，灵活应对各种情况。

（4）注意语音、语速、语调，不可傲慢无礼，也不宜过于卑谦，要保持正确的态度，体现磋商的公正性和严肃性。

（5）掌控谈判节奏和气氛，保持三方相互尊重、相互理解的氛围，使买卖双方在平等自愿的前提下进行磋商。

（6）买卖双方僵持不下时，应建议暂时停止谈判，委婉地将双方暂时分开，分别做工作，缓和尴尬的气氛，尽可能重新启动磋商。

（7）引导买卖双方围绕签约事项进行磋商，不可任由任何一方长时间谈论与签约无关的话题，从而分散双方的注意力、打乱谈判节奏。

（8）对整个交易流程做详尽的讲解，为下一步的签约奠定良好的基础。

（9）正确回答客户提出的各种问题，积极主动地解释，但不可做出轻易许诺、口头担保等违反公司规定的行为。

（10）随时掌握买卖双方的心理和动态，预测将要出现的状况和局面，及时协调。

（11）在谈判过程中不可将矛盾激化，要因势利导，及时转移话题，不要给签约制造障碍。

（12）在谈判过程中说话要有底气、有自信，不可被客户或业主的气势所压倒，要体现自己的专业性。

（13）尽量避开双方有争议的问题，用优点弥补缺点。

（14）在没有把握的情况下，不要轻易对客户或业主做出承诺。

（五）磋商结束后的注意事项

（1）如果谈判成功，应立即签约，注意查验双方证件。

（2）如果谈判不成功，不宜僵持过长时间。应让客户与业主分别离开，给双方充足的时间考虑。但是，经纪人随后要做跟踪、维护工作，再次争取签约的机会。

> 无论谈判是否成功，经纪人都要给客户和业主留下良好的印象。客户和业主离开时，经纪人应礼貌地将双方各自送到门外，并与其握手道别，展现专业形象，为下一次谈判奠定基础。

小提示

环节 13　签订合同

签订合同是一个非常重要的环节，稍有疏忽，就可能引发法律纠纷，给自己和公司造成不必要的麻烦。如今消费者的自我保护意识越来越强，因此必须认真签订合同。在签订合同时，经纪人必须谨慎地按照规定的程序和步骤进行操作。

细节76：签订合同前的准备

（一）相关事项的再次确定

（1）再次确认房产权利现状：确认房产的产权证及所有权人；是否有共有人，共有人对房产出售是否持相同意见；是否存在他项权利；业主还贷能力如何，谁还贷；明确业主当时的购买方式，是一次性付款还是按揭贷款，贷款银行是哪家，按揭年限、待还款额度、月供款等分别是多少。

（2）确定双方认可的付款方式。

（3）确定交易应付的税费及因交易产生的相关费用。

（4）确定交易的确切时间及房产交付使用的时间。

（5）确定该房产涉及的户口问题。

（6）确定维修基金及预交契税的归属。

（7）确定水、电、燃气的数据及网络的过户问题。

（8）确定过户前有关费用的支付情况。

（9）确定随房产赠送的物品。

（10）确定佣金的支付方式。

（11）确定双方要求的其他问题。

（12）确定双方责任及违约的处理方式。

（二）主动与业主、客户联系，提醒相关事项

在约定的签约日期前一天或前几天，经纪人应主动与业主、客户联系，再次确定具体时间。

（1）提醒产权人、共有人带上能证明房产产权的相关证明及个人身份证；委托人代理签署的，带上法律认可的委托书和个人身份证。

（2）提醒客户带上购买房产需要的定金、佣金及本人身份证。

（三）再次梳理可能发生的问题

（1）回顾与客户的洽谈过程，对客户关注的问题和尚有顾虑的事项做一次认真梳理，为签约做好准备。

（2）事先分析签约时可能发生的情况并想好应对方法。

（四）清理签约现场

清理签约现场，保持现场干净整洁，创造良好的签约环境。

（五）事先准备好合同文本及相关证件

整理好合同文本，并将相关证件、印章、收据等都准备齐全。

细节77：拟定合同

二手房交易的过程比较复杂，涉及的事项较多，所以必须签订书面合同，这也是法律的强制性规定。

二手房买卖合同应当包含以下主要内容。

（1）当事人名称或姓名和住所。

（2）房屋所有权证书名称及编号。

（3）房屋基本状况（包括产权声明等）。

（4）房屋的用途或使用性质。

（5）房屋价款的确定方式及总价款、付款方式、付款时间。

（6）房屋交付及办理过户的日期。

（7）房屋装饰、设备的现状。

（8）相关权利与义务。

（9）违约责任。

（10）解决争议的方法。

（11）合同生效条款。

（12）合同的中止、终止或解除。

（13）合同的变更与转让。

（14）双方约定的其他事项。

（15）合同附件。

下面提供一份《房屋买卖三方合同》的范本，仅供参考。

范本

<h2 style="text-align:center">房屋买卖三方合同</h2>

卖方（以下简称"甲方"）：_____

买方（以下简称"乙方"）：_____

居间方（以下简称"丙方"）：_____

甲、乙双方依据相关法律法规之规定，在自愿、平等和诚实信用的原则下，经协商一致，共同委托丙方见证甲、乙双方之间的房屋买卖行为，并订立本合同，以兹各方共同遵守。

一、房产状况：甲方自愿出售位于_____的房产给乙方，房屋所有（共有）权证编号为_____；房屋所有权人为_____；产权类别为_____；房屋建筑面积为____平方米；地下室面积为____平方米。（以上内容以《房屋所有权证》登记为准）附属设施包含_____；房屋抵押、租赁情况为_____。

乙方对该房屋已做充分了解并实地看房，自愿购买甲方上述房产。

二、成交价格：甲、乙双方经协商一致，同意本合同项下房产及其配套设施的总价款为人民币（大写）____仟____佰____拾____万____仟____佰____拾____元整；（小写）_____元。该房屋产权过户相关费用由____方承担。该房屋配套设施过户相关费用由____方承担。

三、乙方于本合同签订时向甲方支付定金人民币（大写）_____元整，甲方同意该定金在办理完房产过户手续前由丙方保管。甲方自本合同签订时将《房屋所有权证》或能够证明房屋权属的相关原件交由丙方保管，作为对房屋真实性的担保。

四、付款方式：甲、乙双方同意使用本条的第____种付款方式。

（一）一次性付款：乙方应于____年__月__日前将全部房款（定金冲抵房款）共计（大写）_____元存入丙方在银行开立的监管账户（附后），待该房屋权属过户手续办理完毕及物业交割后，丙方将监管账户中的全部房款支付给甲方。

（二）按揭贷款：乙方应在合同签订后＿＿日内，即＿＿年＿月＿日前，将首付房款（定金冲抵房款）人民币（大写）＿＿＿＿＿＿元整（小写＿＿＿＿＿元）存入银行监管账户（附后）；乙方采用银行贷款的方式支付剩余房款，剩余房款人民币（大写）＿＿＿＿＿＿元整，小写＿＿＿＿＿＿元由银行放贷之日向甲方支付；待该房屋权属过户手续办理完毕及物业交割后＿＿＿＿日内，丙方将监管账户中的首付款支付给甲方。

五、代理费及支付方式：甲、乙双方应于本合同签订当日按照《佣金确认单》的约定支付中介方佣金。上述费用不包括交易过户过程中甲、乙双方应支付给有关部门的交易税费及相关手续费。

六、丙方应如实传递甲方或乙方提供的信息，并协助甲、乙双方办理产权过户手续，甲、乙双方应在本合同签订之日起＿＿＿＿日内，□自行到房管部门 □委托××房地产中介公司代理办理房产过户及相关手续。

七、甲方保证此房产一切情况介绍属实，承诺和保证此房无任何权属等经济纠纷，权属无任何瑕疵，同户籍及相关亲属同意出售；否则，乙方有权解除合同，甲方应双倍返还乙方定金。

八、甲方应在立契之日起＿＿＿＿日内，将本合同项下房屋的钥匙交给乙方，并保证在＿＿＿＿日内将所有户口全部迁出，否则视为违约。乙方应在接收房产的同时进行物业交割。

九、交房时，甲方应保证以下设施的正常使用，并完整地交付给乙方：

配套设施	上下水	电	燃气	暖气

本条款内所有设施及水、电、气、暖、物业费等缴纳情况由乙方在房屋交付时验明，交付之前发生的费用由甲方结清。自交付的次日起，房屋及其配套设施物品损坏或所发生费用由乙方自行承担。

十、自签订本合同之日起，甲方应维持房屋现状，不得改变。若交付房屋时，房屋状况与本合同约定的房屋状况不符，甲方应当恢复原状，否则乙方可以恢复原状，甲方应支付乙方为恢复原状所需费用两倍的违约金。

十一、如乙方采用按揭贷款方式付款，则房屋过户后＿＿＿＿日内，乙方应办理抵押登记手续。

十二、违约责任：

1. 甲方若违反本合同第六条的约定，则视为其单方解除合同，应双倍返还乙方交付的定金，并支付买卖合同成立时丙方可能收取的全部代理费用；

2. 乙方若违反本合同第六条的约定，则视为其单方解除合同，其无权要求返还定金，并应支付买卖合同成立时丙方可能收取的全部代理费用；

3. 如甲、乙双方均违反本合同第六条的约定，则甲、乙双方各承担买卖合同成立时丙方可能收取的全部代理费用的一半；

4. 如甲、乙任一方未按本合同的约定履行相关义务，每逾期 1 日，违约方应向本合同房屋买卖的相对方支付本合同约定总房价款 3‰的违约金；

5. 房屋过户后，如甲方不按本合同之约定履行交房义务，每逾期 1 日，甲方应当向乙方支付房屋总价款 3‰的违约金；若逾期 30 日甲方仍不履行，乙方将行使房产所有权人之权利，并有权依前述之约定获取违约金；

6. 如乙方未按照第十一条的约定及时履行义务，每逾期 1 日，乙方应当向甲方支付房屋总价款 3‰的违约金，并赔偿甲方因此所产生的损失；若逾期 30 日乙方仍不予履行，甲方有权解除合同。

十三、其他约定事项（须经三方协商一致，可以变更以上条款）：

_____

_____

_____

十四、如果本合同第十三条的约定与其他条款的约定不一致，以第十三条约定的内容为准。

十五、争议解决方式：本合同在履行过程中如发生争议，由丙方进行调解，调解不成的，双方同意按以下第____种方式解决纠纷。

1. 提交 ×× 仲裁委员会仲裁。

2. 依法向房产所在地人民法院提起诉讼。

十六、本合同如有内容变更或其他未尽事宜，经三方协商一致后，可签订补充协议，补充协议应当采取书面形式，且与本合同具有同等法律效力。

十七、本合同自三方签字盖章之日起生效。本合同正本一式三份，甲、乙、丙三方各执一份，三份合同具有同等法律效力。

中国农业银行监管账户　账号：　　　　　　　开户行：中国农业银行××支行

甲方（签字）：　　　　　乙方（签字）：　　　　　丙方（签字）：

身份证号码：　　　　　　身份证号码：　　　　　　法定代表人：

地址：　　　　　　　　　地址：　　　　　　　　　经纪人：

电话：　　　　　　　　　电话：　　　　　　　　　电话：

　　　　　　　　　　　　　　　　　　　　　　　　委托协议编号：

____年__月__日　　　　　____年__月__日　　　　　____年__月__日

细节78：正式签订合同

（一）准备合同

拟好合同后按要求的份数打印出来，并分别装订好。

（二）签约准备

（1）复印客户资料。

（2）检查双方证件。在签署房屋买卖合同时，经纪人应查看买卖双方的证件，至少包括卖方的身份证明、出售房源的权属证明，以及买方的身份证明。若房源为夫妻共有，经纪人还应请卖方提供婚姻证明，请权利人的配偶签署《共有权人 / 配偶同意出售证明》。

　　下面提供一份《共有权人 / 配偶同意出售证明》的范本，仅供参考。

范本

共有权人 / 配偶同意出售证明

　　本人_____（身份证号码：_____）系房屋出售人_____（身份证号码：_____）的共有权人 / 配偶，现本人声明如下：

> 本人与房屋出售人共有的房屋坐落在＿＿＿＿＿＿＿＿＿（该房屋所属楼盘＿＿＿＿＿＿，幢号：＿＿，楼层：＿＿，房号：＿＿），房产证丘（地）号为权＿＿＿＿＿＿（监证号为＿＿＿＿＿＿），本人同意房屋出售人出售上述房屋并同意出售人签署的《房屋交易文件合订本》、相关的补充协议、资金托管协议等约定的所有条款，愿意按照合同的约定履行相应的义务。
>
> 声明人（签字）：＿＿＿＿＿＿
>
> ＿＿＿年＿月＿日

（三）双方当场签约

双方签署合同，签字后盖章确认。买方支付定金及佣金，经纪人开收据。

（四）录入网签系统

将买卖双方的信息录入网签系统。

（五）权证变更事宜的移交

请买卖双方填写客户业务交接单或介绍办理权证相关事宜的同事与双方认识，告知双方办理手续所需的大致时间，与双方商定办理时间并做好安排。

如客户需办理按揭贷款，应告知其需准备的材料，包括身份证、户口簿、婚姻证明（单身证明、结婚证、离婚证等）、首付款支付凭证、个人收入证明、按揭银行的存折或银行卡、个人近一年内的银行流水等。

话术参考

签约过程中的沟通话术

1. 业主提出先收款再过户

"我们刚才跟您讲的二手房交易流程是正规的，对双方的安全都是有保障的。其实按照正规的流程来走，跟您的意思差不多，我们具体是这样做的：客户把房款打到您的银行账户上，银行将这笔房款冻结起来，客户拿不回去，您也不能支取；

待客户拿到领证通知单后，银行会在两个工作日内放款，您就拿到全部房款了。"

2. 客户要求自订合同或修改合同

"×先生/女士，我们采用的是××市建委推荐使用的合同，这个版本是经过好几个政府部门和行业协会共同协商才最终确定的。目前，××市二手房交易全部采用这个版本的合同，网签也使用这个版本，肯定不会有问题，这一点您就放心好了。"

"这是格式合同，您改了就无法网签了，不网签就无法交易过户。"

3. 客户要求自己办理贷款

"×先生/女士，与我们公司合作的银行有很多，您可以任选，而且我们与这些银行有长期合作关系，办理手续能更快一些，可以保证效率。最重要的是，业主希望使用我们的合作银行，他认为其他银行不能保证安全。我们作为中介方也有义务保证双方如期拿到房子和钱，您说对吧？"

环节 14　客户服务

客户是经纪人的财富，经纪人要做好客户的跟进与维护工作，提供细致周到的售后服务，赢得客户的信赖，从而为自己争取更多的潜在客户。

客户服务的主要内容如图 14-1 所示。

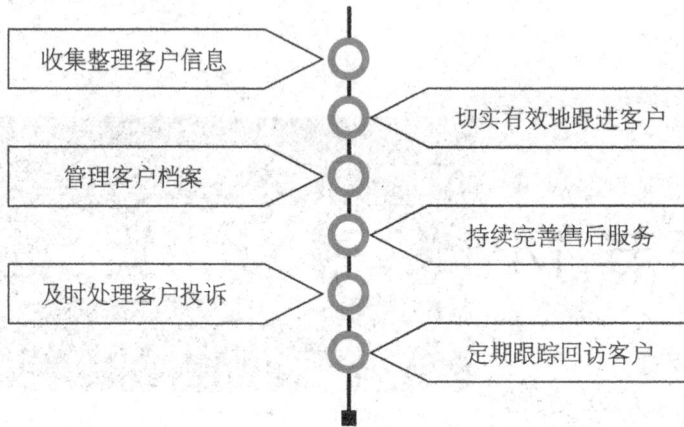

图 14-1　客户服务的主要内容

细节79：收集整理客户信息

目前，房地产中介门店比较多，竞争十分激烈，所以经纪人必须做好客户信息的收集与整理工作。

（一）收集客户信息

了解客户的相关信息，有助于经纪人及时跟进客户并促成交易。从不同渠道得到的信息是不同的，除了急于出售或购买房产的客户，一般客户都不愿意提供完整的信息和背景资料，因此经纪人要通过各种途径尽量收集客户的相关信息。

经纪人需要了解的客户基本信息如图 14-2 所示。

售房客户	购房客户
（1）客户姓名 （2）联系电话、QQ 号码、电子邮箱等 （3）房源所在位置 （4）房源的面积、户型 （5）周边环境 （6）其他事项	（1）客户姓名 （2）联系电话、QQ 号码、电子邮箱等 （3）意向房源位置 （4）意向房源的面积、户型 （5）周边环境 （6）其他事项

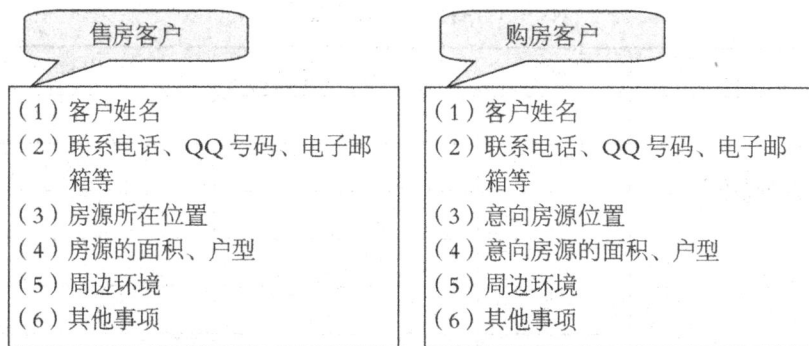

图 14-2　经纪人需要了解的客户基本信息

> **小提示**
>
> 　　整理客户的所有资料，越详细越好，最好能包括客户姓名、电话、住址、工作、收入、家庭情况，客户及其家庭成员的生日、个人兴趣爱好等。

（二）按信息来源分类整理

由于搜集信息的渠道多样，经纪人可以按照信息来源对客户信息进行分类整理。

（1）通过公开渠道获得的信息。

比如，在网上搜到的租售信息，在本地论坛上发布的相关帖子等。

（2）通过走动查找获得的信息。

比如，通过广发小单页获得的信息，通过走访周边小区、现场查问获得的信息，扫街看到房子出售信息后主动联系而获得的信息等。

（3）通过合作获得的信息。

比如，与其他经纪人合作，对方将有某类需求的客户的电话都给你，由你跟进。

（4）通过定期回访已成交的客户，得到对方的信任和认可，对方可能也会提供一些有价值的信息。

最后，经纪人要将获得的客户信息分类登记在表 14-1 所示的客户信息分类登记表中。

表 14-1　客户信息分类登记表

信息来源	序号	详细内容	备注
公开渠道			
通过走动查找获得			
通过合作获得			
老客户提供			

细节80：切实有效地跟进客户

经纪人无论是否与客户达成交易，都要持续地跟进客户。跟进可以反映经纪人的服务态度。

不跟进客户、跟太紧或跟进不及时都会导致客户流失。因此，跟进客户也要掌握一定的技巧和经验，不能让客户产生反感，只有这样才能提升业绩。

（一）对客户进行分类

经纪人每天都会遇到各种各样的客户，但并不是每位客户都是优质客户，这时就要对客户进行分类管理，主攻优质客户。经纪人可将客户分为图 14-3 所示的三类。

| 购房意愿强烈型 | 经纪人要为这类客户推荐几套合适的房源，及时跟进他们，与他们保持必要的联系，展现自己的专业和热情，在合适的时机一锤定音 |

| 购房意愿不明确型 | 经纪人要适当引导这类客户，明确客户的购房意向，主动为他们制订几套详细的购房计划，为他们推荐性价比高的房源，鼓励客户做出选择 |

| 所购房源稀缺型 | 市场上适合这类客户的房子不多，经纪人可以少带看、多联系，让客户知道符合他们需求的房子很难找，当有满足其需求的房子出现时，一定要强调机会难得，让客户把握住机会 |

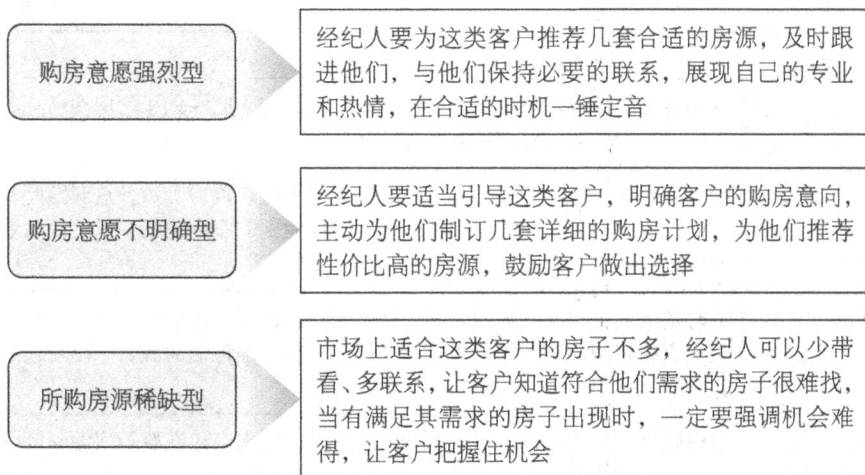

图 14-3　客户分类

（二）把握好跟进的时间

经纪人与客户首次接触后，要在第一天、第四天、第七天分别进行跟进，这样既能给客户充分的考虑时间，也能在这段时间内判断客户的意向。

（三）真诚地提供服务

经纪人要跟客户成为朋友，用真诚的服务打动他们。经纪人可尝试与客户建立朋友关系，以取得他们的信任。

比如，收到最新的房源消息，第一时间分享给客户；节假日的时候发送一些温暖的祝福语；将最新的市场行情、法律法规及时告知客户。

（四）记录房源跟进情况

经纪人跟进房源时要记录清楚何时、何地、何房、何人发生了何事，具体如表 14-2 所示。

表 14-2　房源跟进记录

内容	说明
何房	房源永远处于第一优先级，经纪人除了要记录房源的基本信息，还要记录房源涉及的税费、当前交易状态或产权性质、是否仍然有贷款或抵押等信息

（续表）

内容	说明
何地	房源所处的地理位置决定了房源的价格，经纪人应深入了解房源所在的位置、附近的商圈与配套设施
何人	很多业主在售房时会有诸多限制，如购房年限、购房套数，这对匹配客户与房源至关重要；此外，经纪人还应收集业主的家庭信息，以便评估业主的售房状态
何时	何时是指业主预期的售卖时间、是否着急出售等，还包括房源的房龄、上架售卖的时间，这些信息可以帮助经纪人更好地评估房源，想出合适的推荐策略
何价	价格是每一位客户都要咨询的问题，所以经纪人应该在登记房源时就向业主详细询问房源的底价，不应等到客户有购买意向后才询问业主。同时，经纪人还应了解房源的贷款余额、物业费、停车位价格等相关信息，为客户提供更全面的服务

（五）记录客户跟进情况

与售房客户相同，经纪人对购房客户也应有一套完整的跟进记录，具体如表 14-3 所示。

表 14-3　客户跟进记录

内容	说明
何房	经纪人应详细记录客户的喜好，如户型选择二居室还是三居室，位置选择城市中心区域还是地铁附近，这些基础的需求信息都应跟客户确认
何地	何地主要是指记录客户去哪里看过房子，去过哪些小区，客户对之前的带看结果是否满意。很多客户并不清楚自己想买什么样的房子，经纪人通过了解客户看过哪些房子可以很好地了解客户的需求
何人	就像经纪人需要了解业主的家庭状况，以便判断其售房状态一样，面对客户，经纪人也应详细了解其家庭状况、购买力，以及更适合买什么样的房子。另外，经纪人也应该了解客户的贷款状况、公积金类别等，评估其购房能力
何时	了解客户的职业，判断其什么时候方便看房、什么时候方便到店面谈，以及什么时候方便支付首付款
何价	根据以上资料，经纪人可以准确地评估客户可以接受什么价格的二手房，为其准确地匹配优质房源。当然，经纪人也可以直接问客户，但根据过往经验，从客户那里得到的回答往往与真实情况有很大的出入

跟进客户的方式

1. 欲擒故纵式跟进

这样的跟进方式会让客户很受用，因为客户一般不喜欢经纪人一直不停地跟进询问，一来这会影响正常生活，二来客户会觉得经纪人把意愿强加给自己，三来客户会对房源产生疑虑，思考为什么经纪人要那么急切地跟进。因此，欲擒故纵式跟进是很有用的。

2. 体贴关心式跟进

体贴关心式跟进是指经纪人跟进客户时事事先为客户考虑。经纪人采用这样的跟进方式容易与客户建立感情。

3. 长远式跟进

对于不着急买房且平时很忙的客户，经纪人可采用长远式跟进。客户很忙，没有时间考虑太多，因此被同行"抢单"的可能性也会很小。对待这种客户，经纪人要比客户还有耐心。因为跟进耗时较久，经纪人偶尔给客户发送一些适合客户的房源就可以，不要经常打扰客户。

不管客户犹豫是因为房源的价格不合适，还是因为想要询问家人的意见，或者因为对房源不满意，经纪人都可以根据实际情况选择合适的方法来跟进客户，找到与客户匹配度更高的房源，这样再跟进时经纪人就会更有底气，成交的可能性也会更高。

细节81：管理客户档案

客户是房地产中介公司的财富，做好客户档案管理工作有助于分析、了解客户，促进成交。

（一）建立客户档案

客户档案是指记录客户情况的资料的总和。

1. 建立客户档案的作用

建立客户档案主要有图 14-4 所示的几种作用。

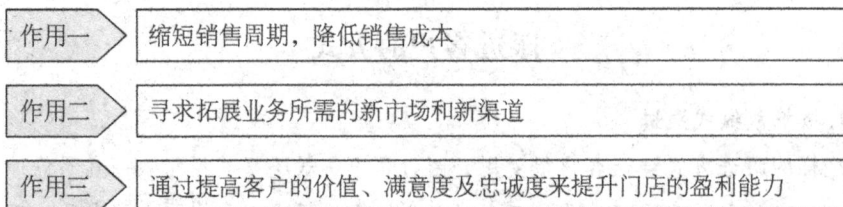

作用一	缩短销售周期，降低销售成本
作用二	寻求拓展业务所需的新市场和新渠道
作用三	通过提高客户的价值、满意度及忠诚度来提升门店的盈利能力

图 14-4　建立客户档案的作用

2. 建立客户档案的方法

经纪人可以收集客户与公司的联系记录、客户本身的资料，从而建立完善的客户档案。客户档案主要包含表 14-4 所示几类资料。

表 14-4　客户档案包含的资料

类型	内容
客户最基本的原始资料	客户的名称、地址、电话及个人性格、兴趣、爱好、家庭、学历、年龄、能力、经历、背景等
客户特征方面的资料	客户所处地区的文化、习俗、发展潜力等
客户周边竞争对手的资料	客户周边的竞争对手有哪些、竞争力如何等
交易现状的资料	客户的财务状况等

3. 建立客户档案的注意事项

建立客户档案时应注意图 14-5 所示的事项。

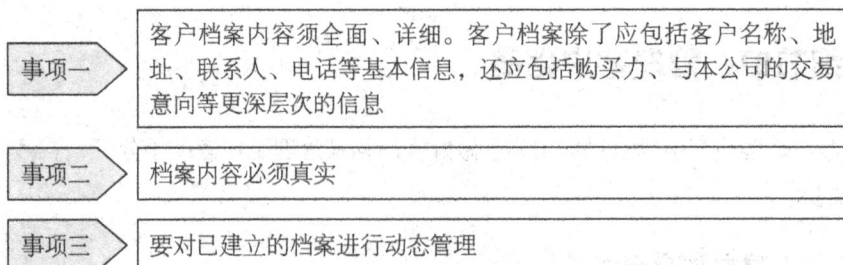

事项一	客户档案内容须全面、详细。客户档案除了应包括客户名称、地址、联系人、电话等基本信息，还应包括购买力、与本公司的交易意向等更深层次的信息
事项二	档案内容必须真实
事项三	要对已建立的档案进行动态管理

图 14-5　建立客户档案的注意事项

（二）意向客户的档案管理

在对意向客户的档案进行管理时，可以参考以下方法。

（1）在接待完客户后，可把客户资料填入表 14-5 所示的意向客户登记表，并及时填报客户情况。

表 14-5　意向客户登记表

编号	姓名	性别	年龄	电话	目前住址	意向房源	看房记录	观望原因	经纪人

（2）根据客户的需求，填写表 14-6 所示的意向客户配房表。

表 14-6　意向客户配房表

客源编号	姓名	电话		需求		
匹配房源编号	小区	面积	价格	户型	楼层	卖点

（3）将意向明确的客户报给相关同事或领导，以便协调房源，避免发生"撞车"的情况。

（三）定金客户的档案管理

在对定金客户的档案进行管理时，可参考以下方法。

167

（1）客户定房后，可将其资料填入表 14-7 所示的客户登记一览表，以便对客户情况进行查询。

表 14-7　客户登记一览表

序号	姓名	电话	住址	来电来访日期	看好房源	客户追踪	跟进情况

（2）对客户的职业、经济收入水平、文化层次、居住区域、消费心理等进行系统的统计分析。

（3）客户要求换房或退房时，应将客户换房或退房的具体情况填入表 14-8 所示的客户换房、退房一览表，并及时更新相关资源。

表 14-8　客户换房、退房一览表

编号	姓名	房源	电话	换房、退房时间	换房、退房原因	经纪人	备注

（4）定期制作销售退房情况一览表，以便掌握销售动态，总结客户退房的具体原因，及时调整销售策略。

（5）对享受特殊优惠的客户进行备案，将其资料填入表 14-9 所示的特殊优惠客户一览表，以便查询。

表 14-9　特殊优惠客户一览表

编号	姓名	性别	电话	房源	优惠形式	优惠原因	备注

（四）签约客户的档案管理

经纪人在对签约客户的档案进行管理时，可参考以下方法。

（1）可将未按规定期限签约的客户填入表 14-10 所示的未签约客户一览表，以便尽早解决签约遗留问题。

表 14-10　未签约客户一览表

序号	姓名	性别	年龄	电话	现住地址	职业	首次来访时间	终止时间	经纪人

（2）对于签约客户，应将签约的具体情况填入表 14-11 所示的契约签署一览表，并在"备注"栏中列明合同的特殊条款，以便日后查询。

表 14-11　契约签署一览表

编号	姓名	性别	年龄	现住地址	职业	房源	首次来访时间	签约时间	付款方式	经纪人	备注

（五）问题客户的档案管理

对存在棘手问题的客户，可将其资料填入表 14-12 所示的问题客户一览表，并按客户服务流程及时上报，以便及时解决问题。

表 14-12　问题客户一览表

编号	姓名	性别	年龄	房源	存在的问题	原因	备注

（六）客户档案保密管理

客户档案是公司的资产，任何人不得占为己有或故意泄露。房地产中介公司应做好客户档案保密管理工作。

1. 客户档案分级管理

一般来说，重要客户的档案应视为公司秘密，借阅、查看时须办理相关手续。

2. 采取技术措施

在对客户档案进行保密管理时，可采取图 14-6 所示的技术措施。

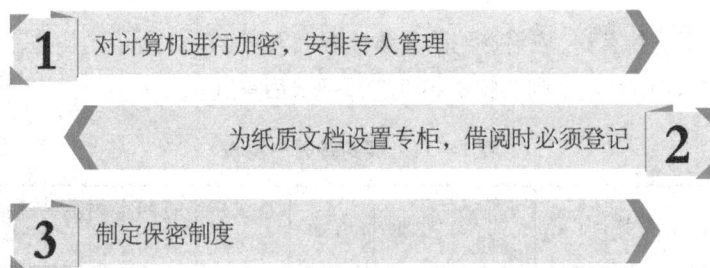

1　对计算机进行加密，安排专人管理

2　为纸质文档设置专柜，借阅时必须登记

3　制定保密制度

图 14-6　客户档案保密管理的技术措施

（七）客户档案管理的注意事项

客户档案管理的注意事项如下。

1.客户档案管理应保持动态性

客户档案管理不同于一般的档案管理，如果建立客户档案之后对其置之不理，客户档案就失去了价值。经纪人要根据客户情况的变化，不断地更新客户档案，及时补充新资料，不断地对客户的情况进行跟踪记录。

2.客户档案管理应关注未来客户

经纪人要把客户档案管理的重点放在现有客户上，还要更多地关注未来客户或潜在客户，为筛选新客户、开拓新市场提供资料。

3.客户档案管理应"用重于管"

经纪人不能将客户档案束之高阁，而应以灵活的方式及时、全面地将其提供给同事和相关人员。同时，经纪人应利用客户档案进行多层次分析，充分发挥客户档案的价值。

细节82：持续完善售后服务

一位优秀的经纪人不仅要在销售过程中为客户提供热情、周到的服务，还应在销售结束之后提供完善的售后服务。

（一）售后服务的作用

售后服务的作用如图 14-7 所示。

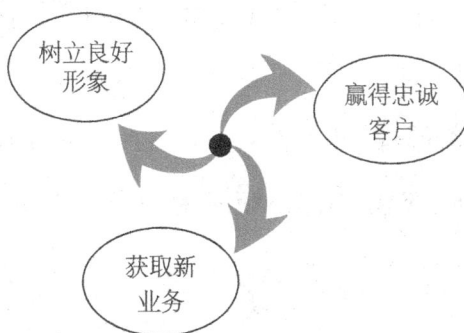

图 14-7　售后服务的作用

1.树立良好形象

树立良好形象包括树立良好的门店形象和树立良好的个人形象，如图 14-8 所示。

树立良好的门店形象	树立良好的个人形象
提供良好的售后服务是树立良好门店形象的关键。在市场竞争日益激烈的环境中，售后服务水平已经成为衡量一家门店实力的重要标准	很多时候，客户信任的是经纪人本人。有很多经纪人在离开原公司之后，之前的老客户会主动找上门来，因为他们觉得这个经纪人值得信任

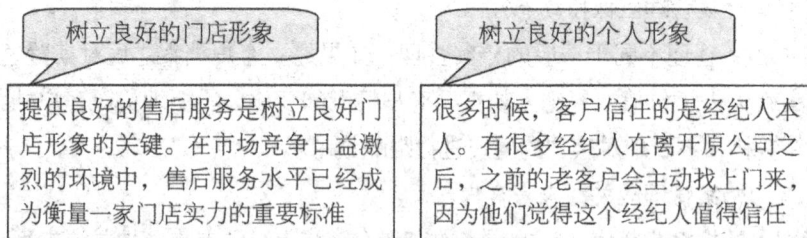

图 14-8　树立良好的形象

2. 赢得忠诚客户

仔细分析一下，在你的职业生涯中，有多少客户是你的老客户？老客户多，说明客户对你的忠诚度高。客户对你的忠诚度高，说明客户对你的服务是满意的，客户是信任你的。否则，就说明你为客户提供的服务不到位，你为客户做得不够多。对房地产经纪人来说，留住新客户比留住老客户要花费更多的精力。经纪人应把相当一部分时间和精力花在老客户身上，他们可能会给经纪人带来更多的成交机会，让经纪人的事业更上一层楼。

3. 获取新业务

房地产行业内有这样一句话："早期的业主是最好的房地产经纪人。"对经纪人来说，老客户是最好的广告。有调查表明，在各种各样的宣传形式当中，通过老客户口碑产生的宣传效果是最好的。也就是说，老客户的意见对新客户影响极大，而且比经纪人对新客户进行讲解和介绍更有说服力。如果经纪人能让老客户带来新客户，那么经纪人的业绩将大大提升。如果老客户对经纪人的服务满意，其正面传播可以影响 10 位甚至更多的亲朋好友；如果老客户对经纪人的服务不满意，其负面传播就会影响经纪人对新客户的开发。

（二）售后服务的内容

经纪人的售后服务主要包括图 14-9 所示的内容。

1	2	3
协助办理各种手续	与客户保持联系	帮助客户解决相关问题

图 14-9　经纪人的售后服务

1. 协助办理各种手续

二手房交易是一个复杂的流程。客户签约购房以后，还有一些非常重要的、复杂的手续需要办理，如网签手续、过户手续、按揭手续、交房手续等。大部分客户都是外行，他们不熟悉这些手续的办理程序，需要经纪人协助其办理各种手续。

2. 与客户保持联系

交易结束后，经纪人是否就与客户就成了陌生人，互不往来了呢？这样做的经纪人显然不是一位合格的经纪人，因为他根本不懂得如何有效扩大自己的客户群。经纪人必然要接触很多客户，如果经纪人能把这些客户变成自己的熟人甚至朋友，他们对经纪人的事业会产生很大的帮助。人们买一件小东西，可能很快就会忘记它是从何处买的，但购房就不一样了。只要经纪人能与客户保持联系，客户是不会忘记经纪人的。那么，经纪人应该如何与客户保持联系呢？很简单，经纪人只要在节假日、客户生日或其他与客户相关的重要日子给客户打个电话、发条信息，或者在闲暇时回访服务过的客户，就很可能会让客户备受感动。

小提示

经纪人对客户的拜访、问候必须是自然的、发自内心的，不能让客户感到经纪人另有目的，经纪人一定要让客户感受到自己的真诚。

3. 帮助客户解决相关问题

客户买了房子，心里未必踏实，仍然可能会一碰到问题就找经纪人。这时，经纪人千万不要不耐烦。客户之所以找经纪人咨询，是因为他们信赖经纪人，希望在经纪人这里找到安全感，经纪人一定要认真对待。如果经纪人能够借此取得他们的信任，客户就有可能在其他准备购房的亲朋好友遇到问题时也向经纪人请教，这是挖掘新客户的好机会。

相关链接

二手房网签知识

一、什么是网签

网签即网上签约，是指房屋买卖双方在住建委网上签约系统在线录入《存量房买卖合同》的相关条款内容，做合同备案的过程。

网签的主要作用如下：

（1）防止"假房源"；

（2）防止"一房二卖"情况的发生；

（3）加强市场监管，维护市场秩序；

（4）提高房地产市场透明度。

二、网签的前提条件是什么

（1）成功签署房屋买卖合同且在系统中报单。

（2）客户购房资质审核已通过且在有效期内。

（3）已经完成房屋信息查询。

（4）买卖双方房地产经纪服务合同备案完成。

（5）已缴纳经纪服务费用，买卖双方就房屋价格、付款方式等达成一致。

以上五项事项的完成时间均需早于网签时间。

三、网签时买卖双方需要准备哪些材料

以北京市为例，办理网签所需资料如下。

1. 买方需要准备的材料

（1）购买人、共同购买人及其配偶身份证件。

（2）购买人家庭户口本，包括首页、本人页、变更页。

（3）婚姻证明。

（4）银行卡（资金监管通过建委监管的，需要银行卡）。

（5）其他：

① 持北京市工作居住证的家庭须提供北京市工作居住证；

② 社保或个税满足购房资质的非京籍人士须提供有效的居住登记卡或居住证；

③ 军人或现役武警家庭须提供军警身份证、军官证或警官证；

④ 外籍人士须准备护照、译本公证；

⑤ 若买方为公司，则须准备法定代表人身份证、公司营业执照副本（加盖公章）；若有代理人，还须提供委托书（加盖公章）、代理人身份证。

2. 卖方需要准备的材料

（1）出卖人及共有权人身份证。

（2）出卖人户口本，包括首页、本人页、变更页。

（3）婚姻证明。

（4）不动产权证书。

（5）银行卡（资金监管通过建委监管的，需要银行卡）。

（6）其他：

① 央产房须提供《在京中央单位已购住房产权变更通知单》；

② 若是公司产权，则须提供不动产权证书、营业执照副本（加盖公章）、法定代表人身份证；若有代理人，还须提供代理人身份证、委托书（加盖公章）。

四、网签价格如何填写

网签价格＝合同中房屋成交价格＝网上签约授权委托书价格。需要注意的是，房屋买卖合同与网签合同是不同的，房屋买卖合同中涉及三个价格，成交总价＝房屋成交价格＋房屋装修价格。

五、哪些房屋不能办理网签

（1）被法院查封的房屋。

（2）产权归属不明确的房屋。

（3）不满五年的经济适用住房。

（4）未办理央产上市登记的央产房。

（5）无不动产权证书的房屋。

细节83：及时处理客户投诉

当交易过程中发生令客户不满意的事情时，客户有怨言或投诉都是正常的，这时经纪人要做出及时、正确的处理，否则就会使事态向更坏的方向发展。经纪人处理客户投诉时也需要掌握一定的技巧，具体如图 14-10 所示。

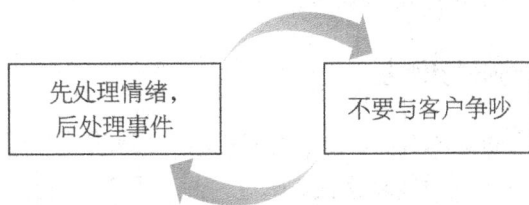

先处理情绪，
后处理事件　　　　　　不要与客户争吵

图 14-10　经纪人处理客户投诉的技巧

（一）先处理情绪，后处理事件

接到客户投诉时，接待人员首先要有换位思考的意识，站在客户的立场考虑问题，不要与客户发生争执，要关注如何解决客户的问题。

客户对产品或服务不满，就会觉得自己被亏待了，付出了大量的投资，却买不到满意的房子和服务。如果接待人员的态度不友好，就会让他们的情绪更差。相反，如果接待人员态度诚恳、热情礼貌，就可以减少客户的抵触情绪，更加顺利地解决问题。

俗话说："伸手不打笑脸人。"真诚的微笑能化解客户的负面情绪。满怀怨气的客户在面对春风般温暖的微笑时也会不自觉地减少怨气。

（二）不要与客户争吵

客户在投诉时容易情绪激动，甚至可能言辞激烈。对此，接待人员要保持冷静，克制自己的情绪，切不可与客户发生争吵。否则，只会令事态恶化，让客户失望地离开。

有时候，客户的投诉可能是因为客户自身的问题，在这种情况下，接待人员通常很容易对客户产生偏见，无论怎么克制，都容易在言语之中表达出对客户的不满，甚至造成彼此对立的局面。

因此，在处理客户投诉时，接待人员要学会理解、尊重客户，不可言语过激，不能与客户针锋相对，避免关系恶化。

细节84：定期跟踪回访客户

客户回访是进行产品或服务满意度调查、消费行为调查、客户关系维护的常用方法。由于在回访时往往会与客户进行较多的互动沟通，因此回访有助于完善客户资料，可为实现进一步的交叉销售做好铺垫。

（一）确定时间进行回访

回访时间并没有特定的要求，一般针对新客户需要制订一个详细的回访计划，平均每 1～2 天就回访一次，间隔最长不超过一周。周四、周五是回访的最佳时机，这时回访不仅可以了解客户的需求，还可以顺便约客户周六、周日实地看房，进而增加与客户接触沟通的机会。

实际上，通过前期一两次的沟通，客户一般都会告知经纪人自己的作息习惯，这样经纪人就可以根据客户的情况做有针对性的回访。

比如，周末回访最好选择上午 10 点以后的时间，因为周末大家起床一般比较晚，太早的话可能会打扰客户休息；中午大多数人都要午休，回访时间最好选择下午 3 点以后，以免打扰客户；晚上 10 点以后就不要给客户打电话了。经纪人要根据客户的作息习惯做相应的调整，回访时间并没有统一的标准。

（二）回访的方式及其内容

回访的方式主要有以下两种。

1. 电话回访

经纪人可以给客户打电话说："听说您是做 ×× 方面工作的，我朋友刚好有这方面的问题想咨询一下"，或者请客户帮忙做某些事情。把客户当成朋友，可以拉近彼此之间的距离，有助于在沟通的过程中推荐房源或了解客户的需求。

> 在与客户进行长时间电话沟通前，经纪人最好先给客户发送信息，让客户有所准备。如果客户方便，自然愿意与经纪人深入沟通。

小提示

2. 当面回访

最好的沟通方式是面对面沟通，因为经纪人的肢体语言会给客户留下更深的印象，其服务也能给客户留下更深的印象。所以，经纪人有时候应主动要求跟客户面谈，当客户觉得经纪人很有诚意时，可能就会把自己的需求详细地告知经纪人。

面对面沟通还有一个好处就是可以让客户感受到经纪人的真诚、专业。比如，在沟通时，如果客户很专注，就说明客户对经纪人说的内容非常在意，同时也可以看出客户的诚意。如果客户眼神飘忽，可能是对经纪人说的内容不关心或不耐烦，而电话回访时就无法了解到这些。所以，当面回访时，经纪人要善于观察客户的反应，及时调整沟通方式。

（三）回访的注意事项

经纪人在回访客户时应注意以下事项。

（1）做电话回访时一般使用座机，一方面更容易把控时间，另一方面能代表门店，有利于加深客户的印象。

（2）在跟客户沟通前，经纪人最好调整自己的状态。经纪人代表门店与客户沟通，状态不好的话，很容易让客户对门店产生负面印象。

（3）经纪人向客户做自我介绍时，可以直接说出自己的姓名，不卑不亢。

（4）经纪人称呼客户时，尤其是客户年龄不明确时，最好以先生、女士等称呼。

（5）客户回访记录一般登记在手机或笔记本上。有些客户可能会留姓不留名，最好请客户留全名，以免因混淆造成不必要的尴尬。

（6）经纪人要善于抓住回访时机。逢年过节、新政策出台、客户生日等时机都是回访的好时机。

（7）经纪人要为客户提供一些专业的建议，如装修建议、应该贷多少款、多大面积的房子更符合客户需求等。经纪人应该成为"设计师""理财师"，帮助客户制定更好的购房方案。

（8）面对老客户时，经纪人要把自己的专业性充分体现出来，把老客户当成新客户维护。

> 客户回访是客户服务的重要一环，经纪人要重视客户回访，在满足客户需求的同时为公司创造价值。

小提示

附　录

附录 A

房地产行业相关术语

一、房地产行业常用交易术语

房地产行业常用交易术语如表 A-1 所示。

表 A-1　房地产常用交易术语

术语	说明
查档	就该物业向国土部门查询相关产权状况，每做一次查档，国土部门都要收取一定的费用
首付款	交易款中银行承诺向买方发放按揭贷款金额以外的部分（若买方选择按揭付款）
一手证	卖方名下物业的不动产权证书（或房产证）
赎楼	付清卖方物业的抵押贷款本息并注销抵押登记，将一手证赎出。一手证赎出且抵押登记被注销，视为赎楼完成
递件	买卖双方签署房屋买卖合同后向产权登记中心申请办理产权转移登记手续并取得收文回执
不动产权证书	递件后国土部门为买方发放的不动产权证书（俗称"红本"）
履约保证金	房地产经纪机构在监管交易款中留存的一笔款项。履约保证金优先用于代卖方支付本次交易的佣金，并保证卖方全面正确履行交付物业之义务；其次用于代卖方支付税费及与本次交易相关的其他费用
意向金	为了解客户意向及交易方便而向客户收取的一定金额的购房意向金（可退）
定金	买卖双方在交易过程中的信物和担保物，定金具备法律效力，订金不具备法律效力
个人所得税	根据《中华人民共和国个人所得税法》的规定，个人转让房屋等财产所得，应按规定缴纳个人所得税
契税	不动产（土地、房屋）产权发生转移变动时，就当事人所订契约按产价的一定比例向新业主（产权承受人）征收的一次性税收
增值税	在我国境内销售服务、无形资产或不动产的单位和个人为增值税纳税人，应按照相关规定缴纳增值税
土地增值税	对有偿转让国有土地使用权、地上建筑物及其附着物而就其增值部分征收的一种税

二、房地产行业常用建筑类术语

房地产行业常用建筑类术语如表 A-2 所示。

表 A-2　房地产常用建筑类术语

术语	说明
房屋结构形式	主要以承重结构所用的材料来划分，一般分为砖石结构、木结构、钢筋混凝土结构等
建筑密度	建筑密度即建筑物的覆盖率，具体指项目用地范围内所有建筑的基底总面积与规划建设用地面积之比
建筑容积率	建筑容积率即建筑总楼板面积与建筑基地面积之比
绿地率	绿地率即居住区用地范围内各类绿地面积总和与居住区用地面积之比
得房率	得房率即套内建筑面积与套（单元）建筑面积之比
实用率	实用率即套内建筑面积与住宅面积之比
建筑面积	建筑物外墙外围所围成空间的水平面积，包含房屋居住的可用面积、墙体柱体占地面积、楼梯走道面积、其他公摊面积等
使用面积	住宅各层平面中直接供住户生活使用的净面积之和
公用面积	住宅楼内为住户出入方便、正常交往、保障生活所设置的公共走廊、楼梯、电梯间、水箱间等所占面积的总和
辅助面积	住宅建筑各层中不直接供住户生活的室内净面积
套内墙体面积	商品房各套（单元）内使用空间周围的维护或承重墙体，有共用墙及非共用墙两种。商品房各套（单元）之间的分隔墙、套（单元）与公用建筑空间之间的分隔墙及外墙（包括山墙）均为共用墙，共用墙墙体水平投影面积的一半计入套内墙体面积，非共用墙墙体水平投影面积全部计入套内墙体面积
套内阳台建筑面积	按阳台外围与房屋外墙之间的水平投影面积计算。其中，封闭的阳台按水平投影全部计算建筑面积，未封闭的阳台则按水平投影的一半计算建筑面积
公摊面积	商品房分摊的公用建筑面积主要由两部分组成： （1）电梯井、楼梯间、垃圾道、变电室、设备室、公共门厅和过道等功能上为整楼建筑服务的公共用房和管理用房的建筑面积； （2）各单元与楼宇公共建筑空间之间的分隔及外墙（包括山墙）墙体水平投影面积的一半

（续表）

术语	说明
销售面积	商品房按套或单元出售，其销售面积为购房者所购买的套内面积，或者单元内建筑面积与应分摊的共有建筑面积之和
进深	一间独立的房室或一幢居住建筑，从前墙皮到后墙皮之间的实际长度。现在我国大多数城镇住宅房间的进深一般都限定在 5 米左右
层高	下层地板面或楼板面到相应上层楼板上表面或下表面之间的竖向尺寸。一般来说，住宅层高为 2.8 米左右
开间	又称面宽，是指一间房屋内一面墙皮到另一面墙皮之间的实际距离
居住区	人们日常生活、居住、游览、休息，具有一定的用地规模，并集中布置居住建筑、公共建筑、绿地道路，以及其他各种工程设施，为城市街道或自然界限所包围的相对独立地区
居住小区	以住宅楼房为主体并配有商业网点、文化教育、娱乐、绿化、公用和公共设施等而形成的居民生活区
住宅用地	住宅建筑基底占地及其四周合理间距内的用地（含宅间绿地和宅间小路等）的总称
配套公建用地	公共设施、绿地、道路及公共建设用地，一般是为住宅预留的配套公用空间
配建设施	与住宅规模或与人口规模相对应配套建设的公共服务设施、道路和公共绿地的总称
公共绿地	供游览休息的各种公园、动物园、植物园、陵园、花园、游园及林荫道绿地、广场绿地，不包括一般栽植的行道树及林荫道

三、房地产行业经纪人常用术语

房地产行业经纪人常用术语如表 A-3 所示。

表 A-3 房地产行业经纪人常用术语

术语	说明
房地产经纪机构	依法设立，从事房地产经纪活动的中介服务机构
房地产经纪人	通过全国房地产经纪人资格考试或资格互认，依法取得房地产经纪人资格并经过注册，从事房地产经纪活动的专业人员

（续表）

术语	说明
房地产经纪人协理	通过房地产经纪人协理资格考试，依法取得房地产经纪人协理资格并经过注册，在房地产经纪人的指导下，从事房地产经纪活动的协助执行人员
房地产代理	房地产经纪机构和经纪人以委托人的名义，在委托协议约定的范围内，代表委托人与第三人进行房地产交易，并向委托人收取佣金的行为
房地产居间	房地产经纪机构和经纪人向委托人报告订立房地产交易合同的机会或提供订立房地产交易合同的媒介服务，并向委托人收取佣金的行为
房地产经纪服务合同	房地产经纪机构和委托人之间就房地产经纪服务事宜订立的协议，包括房屋出售经纪服务合同、房屋出租经纪服务合同、房屋承购经纪服务合同和房屋承租经纪服务合同等
房地产经纪服务	房地产经纪机构和经纪人为促成房地产交易，向委托人提供房地产居间、代理等服务并收取佣金的行为
房地产交易服务	买卖双方签订房地产买卖合同后房地产经纪机构和经纪人为双方提供的网签、贷款、缴税、权属转移登记等延伸服务
独家代理	委托人仅委托一家房地产经纪机构代理房地产交易事宜的代理模式
单边代理	经纪人仅接受卖方或买方一方委托的代理模式
佣金	又称中介费、经纪费，是指房地产经纪机构向委托人提供房地产经纪服务，按照房地产经纪服务合同约定，向委托人收取的服务费用
差价	在房地产经纪机构促成的交易中，房地产出售人（出租人）得到的价格（租金）低于房地产承购人（承租人）支付的价格（租金）的部分

四、房地产经纪业务常用术语

房地产经纪业务常用术语如表 A-4 所示。

表 A-4　房地产经纪业务常用术语

术语	说明
卖方	又称不动产权利人、房屋所有权人、卖家、出卖人、业主，是指依法享有房屋所有权和该房屋占用范围内的土地使用权的自然人、法人和其他组织

（续表）

术语	说明
买方	又称购买人、买家、买受人、客户，是指房地产交易活动中购买房地产的自然人、法人或其他组织
空看	经纪人为了解房地产区位状况和实物状况，实地查看委托房屋的行为
首看	买方通过经纪人首次看房的行为
切户	房地产经纪机构或经纪人利用降低佣金标准、提高成交价格等不正当手段获取其他房地产经纪机构或经纪人客户的行为
撞户	两位及以上经纪人在开展业务的过程中发现服务的客户为同一客户
私单	经纪人避开所在房地产经纪机构业务流程，以个人名义促成房地产交易的行为
跳单	卖方、买方或加入平台的房地产经纪机构为了规避或减少支付佣金或平台服务费，跳过房地产经纪机构或平台而私自签订交易合同的行为
飞单	经纪人为获取个人私利，引导卖方、买方避开所在房地产经纪机构，到其他房地产经纪机构成交的行为
搅单	以不当方式（包括但不限于不当言行或承诺、低费率、干扰谈判等）影响参与方决策（包括但不限于更换签约房源、签约经纪人等）的行为

附录B

二手房交易流程

一、二手房买卖流程

二手房买卖是房地产中介公司的主要业务，经纪人应熟悉、掌握二手房买卖流程，规范自己的行为，以取得客户的信任。

图 B-1 是某房地产中介公司的二手房买卖流程。

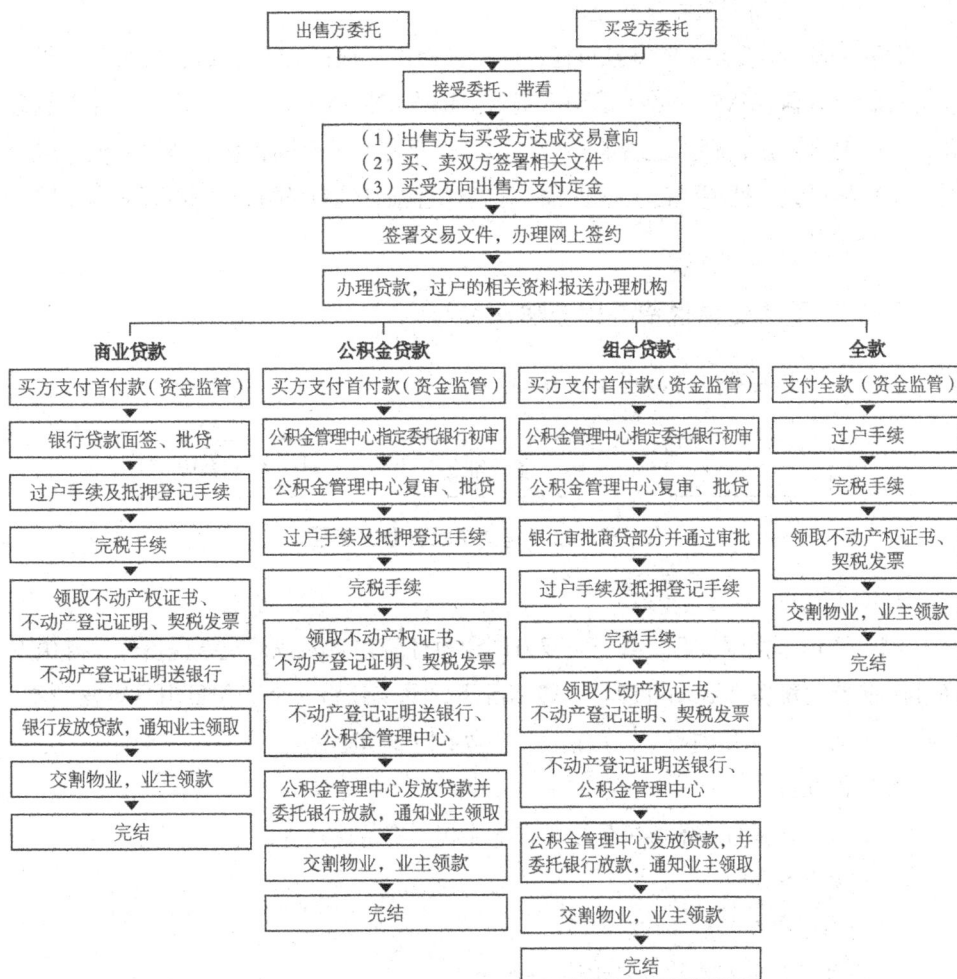

```
┌────────────────┐        ┌────────────────┐
│    出售方委托    │        │    买受方委托    │
└────────────────┘        └────────────────┘
              │                    │
              ▼                    ▼
         ┌──────────────────────────┐
         │     接受委托、带看         │
         └──────────────────────────┘
                      │
                      ▼
      ┌────────────────────────────────┐
      │（1）出售方与买受方达成交易意向    │
      │（2）买、卖双方签署相关文件        │
      │（3）买受方向出售方支付定金        │
      └────────────────────────────────┘
                      │
                      ▼
      ┌────────────────────────────────┐
      │   签署交易文件，办理网上签约      │
      └────────────────────────────────┘
                      │
                      ▼
      ┌────────────────────────────────┐
      │ 办理贷款，过户的相关资料报送办理机构 │
      └────────────────────────────────┘
```

商业贷款	公积金贷款	组合贷款	全款
买方支付首付款（资金监管）	买方支付首付款（资金监管）	买方支付首付款（资金监管）	支付全款（资金监管）
银行贷款面签、批贷	公积金管理中心指定委托银行初审	公积金管理中心指定委托银行初审	过户手续
过户手续及抵押登记手续	公积金管理中心复审、批贷	公积金管理中心复审、批贷	完税手续
完税手续	过户手续及抵押登记手续	银行审批商贷部分并通过审批	领取不动产权证书、契税发票
领取不动产权证书、不动产登记证明、契税发票	完税手续	过户手续及抵押登记手续	交割物业，业主领款
不动产登记证明送银行	领取不动产权证书、不动产登记证明、契税发票	完税手续	完结
银行发放贷款，通知业主领取	不动产登记证明送银行、公积金管理中心	领取不动产权证书、不动产登记证明、契税发票	
交割物业，业主领款	公积金管理中心发放贷款并委托银行放款，通知业主领取	不动产登记证明送银行、公积金管理中心	
完结	交割物业，业主领款	公积金管理中心发放贷款，并委托银行放款，通知业主领取	
	完结	交割物业，业主领款	
		完结	

图 B-1　某房地产中介公司的二手房买卖流程

二、二手房交易资金监管流程

1. 什么是二手房交易资金监管

二手房交易资金监管相当于政府提供了一个"保险箱"，买方将购房定金、首付款等存入这个"保险箱"，贷款由银行直接转入这个"保险箱"。过户后，政府将这个"保险箱"中的全部资金交给卖方。这个"保险箱"就是二手房交易资金监管专用账户。

2. 所有二手房交易都需要做资金监管吗

贷款买房必须进行资金监管；全款买房可自愿申请资金监管。监管的交易资金包括定金、首付款、分期付款、贷款等。

3. 二手房交易资金监管的流程

《存量房买卖合同》网签预审通过后，选择监管银行，签订《监管协议》。买方将首付款存入监管账户，并申请购房贷款。银行审批通过后，将购房贷款存入监管账户。交易资金足额存入监管账户后，买、卖双方办理合同备案、核税缴税、房产过户（转移登记、抵押登记）。过户后，监管机构通知监管银行在相应时间内划转交易资金给卖方。

三、二手房交易税费办理流程

二手房交易税费办理流程如图 B-2 所示。

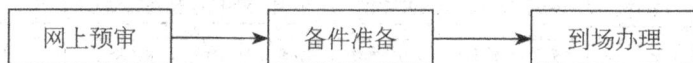

网上预审 ➡ 备件准备 ➡ 到场办理

图 B-2　二手房交易税费办理流程

1. 网上预审

网上预审是指网签后，买、卖双方向税收征管信息系统提交缴税备件，待预审通过后携带缴税备件到场办理。一般情况下，网上预审 5 个工作日出具审核结果，审核结果 30 个自然日内有效。法拍房不支持网上预审。

2. 备件准备

二手房交易税费的备件可分为卖方备件和买方备件。

（1）卖方备件

① 身份证原件及复印件。

② 不动产权证书原件及复印件。

③ 未成年人须提供户口本原件及复印件，户口本不能体现直系亲属的，须提供出生证明。

④ 婚姻状况证明（单身除外）。

⑤ 享受税收优惠政策的其他证明，如房屋购买已满 5 年的证明、原始购房发票、原始购房契税发票、家庭唯一住房承诺表、购房贷款合同、购房贷款结清证明、贷款利息清单等。

（2）买方备件

① 身份证原件及复印件，已婚的双方均提供。

② 婚姻状况证明（单身除外）。

③ 户口本原件及复印件。

④ 享受税收优惠政策的其他证明，如家庭购买首套住房证明等。

3. 到场办理

现场办理是指网上预审通过后，买、卖双方带上备件到房产管理局现场办理手续。

注意，二手房交易流程会随着相关政策的变动而有所调整，具体流程以当地、时下的政策为准。

附录 C

二手房交易税费

二手房交易涉及的税费主要有契税、增值税及附加（城市维护建设税、教育费附加、地方教育费附加）、个人所得税、印花税、土地增值税等。

按照相关税收法律法规，买、卖双方分别涉及的税费如表 C-1 所示。

表 C-1　买、卖双方分别涉及的税费

交易时的税（费）	买方是否为纳税义务人	卖方是否为纳税义务人
增值税	否	是
城市维护建设税	否	是
教育费附加	否	是
地方教育费附加	否	是
个人所得税	否	是
印花税	是	是
契税	是	否
土地增值税	否	是

说明：① 教育费附加和地方教育费附加属于财税体制中费的范畴；

　　　② 税的征收主体是税务机关和海关，而费的征收主体是行政事业单位和行业主管部门。

从表 C-1 中可以看出，买方涉及的税费只有契税和印花税，其中印花税买、卖双方都要缴纳。从税法的角度来看，在二手房交易税金总额中占比最高的增值税和个人所得税都是由卖方承担的，即卖方是这两个税种的纳税义务人。在实践中，大多数税费由买、卖双方协议分担。